RHÖN *erleben*

RH

Fotografie:
Anton Kaiser (US-Klappe hinten innen; Seite: 4/5, 14, 16, 22/23, 26/27, 30 mit 37, 47, 52/53, 60/61, 62/63, 74/75, 76, 83/84, 85 mit 89, 90/91, 92/93, 96 mit 101, 108/109, 110/111, 112 mit 119)
Rudolf Diemer (Titel; Seite: 8/9, 10/11, 13, 18/19, 20/21, 39, 50, 68/69, 72, 84, 93 mit 95, 102/103, 104/105, 111)
Elmar Hahn (Seite: 77, 122 mit 128)
Jürgen Holzhausen (US-Klappe vorne; Seite: 24/25, 40/41, 46/47, 50/51, 54/55, 58 mit 59, 64/65, 75, 89)
Jürgen Hüfner (Seite: 15, 28/29, 44/45, 48/49, 70/71, 78/79)
Thomas Huth (Seite: 120, 121)
Matthias Lotzen (Seite: 11)
Marianne Oswald (Seite: 66/67)
Wolfgang Pusch (Seite: 106/107)
Claus Schenk (Rückseite; Seite: 42/43)
Stephan Thierfelder (US-Klappe hinten; Seite: 38/39, 56/57, 73/74, 80/81)

Impressum:

1. Auflage

Idee und Konzeption: Elmar Hahn, Klaus Schinagl
Text: Carmen Schnepf
Gestaltung: Design by Klaus Schinagl, Veitshöchheim

ISBN 3-928645-36-6

Nachfolgende Seiten: Auf dem Gebaberg blicken wir über nebelverhangene Täler zu Hutsberg und Neuberg.

ÖN erleben

Text: Carmen Schnepf
Jürgen Holzhausen
Gestaltung: Klaus Schinagl

elmar hahn verlag

Darf ich vorstellen ... die Rhön.

Als echte „Rhönerin" bin ich mit Land und Leuten eng verwurzelt. Nachdem uns die deutsche Teilung bis 1989 auf beiden Seiten der fast undurchlässigen Grenze zu Bewohnern einer benachteiligten Randlage machte, genießen wir seit dem Mauerfall das Gefühl, wieder ins Zentrum zurückgekehrt zu sein. Die Rhön markiert zwar nach wie vor die Grenze zwischen Nord- und Süddeutschland, zwischen dem Einzugsbereich des Rheins und der Weser, sie war aber nie ein trennendes Gebirge, sondern vielmehr verbindende Mitte: das herbschöne Herz Deutschlands.

Im Laufe der Jahrhunderte haben die bodenständigen Rhöner mit zähem Fleiß eine Landschaft, die nie durch Überfluss verwöhnte, in eine Kulturlandschaft von unverwechselbarem Charakter verwandelt. Es bedarf also auch weiterhin der hegenden und pflegenden Hand des Menschen, damit dieses Mittelgebirge seine einzigartige Mischung aus rauem Vulkangebirge und großzügiger Parklandschaft nicht verliert.

Diese Region, an der die Länder Hessen, Bayern und Thüringen Anteil haben, wurde nicht zuletzt aus diesem Grund mit dem Titel UNESCO-Biosphärenreservat ausgezeichnet. Im Rahmen der Bemühungen um Nachhaltigkeit im Umgang mit den Ressourcen unserer Natur, engagiert man sich in der Rhön besonders durch heimatnahe Vermarktung regionaler Produkte und einem sanften Tourismus, dem Land die Eigenart zu erhalten und dem Rhöner Arbeitsplätze zuhause zu bieten. Die Chancen stehen also nicht schlecht, dass Einheimische wie Gäste auch in Zukunft das Land der „offenen Ferne", der Hochmoore und Basaltfelsen, der Weidewiesen und Buchenwälder genießen können – sei es als Heimat oder als Urlaubsziel!

Ich würde mich freuen, wenn dieses Buch Ihnen Lust auf das Erlebnis Rhön macht oder Ihnen eine Erinnerung ist an die einzigartigen Stimmungen, die Sie bei Ihrer Reise durch das Land um die Wasserkuppe in sich aufgenommen haben. Wer einmal die einsamen Hochflächen der Rhön an einem klaren Wintertag erlebt hat oder im Frühling dem Zauber der üppig blühenden Bergwiesen erlegen ist, der wird mit den stimmungsvollen, einfühlsamen Bildern dieses Buches sein ganz persönliches Rhön-Erlebnis wiederholen und vertiefen können.

Allen Lesern wünsche ich, dass diese „Liebeserklärung" an die Rhön in Bildern und Worten in Ihnen Neugier und Sympathie für eine der schönsten deutschen Mittelgebirgslandschaften weckt!

Ihre Carmen Schnepf

Inhaltsverzeichnis

Vulkane, Basalte, Buchonien 8

Eine Kulturlandschaft entsteht

Ein Biosphärenreservat der UNESCO 14

Planen und Gestalten im Einklang mit der Natur

Vorder- und Kuppenrhön 27

Kuppen, Kegelspiel und kalte Dörfer

Hohe Rhön / Lange Rhön 43

In ihrer herben Schönheit ohne Konkurrenz: die höchsten Gipfel der Rhön!

Schwarze Berge 87

Urige Wälder zwischen bunten, abwechslungsreichen Bergwiesen

Südliche Vorrhön 107

Zwischen Hoher Rhön und Fränkischer Saale zeigt die Rhön ihr sanftes Gesicht

Stippvisiten 119

Viele Epochen hinterließen im Umland der Rhön ein reiches kulturelles Erbe

Vulkane, Basalte, Buchonien

Eine Kulturlandschaft entsteht

Unsere Rhön, eine Mittelgebirgslandschaft, die vor Jahrmillionen entstand, ist im Wesentlichen das Produkt von drei verschiedenartigen geologischen Prozessen. Mächtige Steinsalzlager des Zechsteinmeeres unterlagerten vormals die heutige Rhön. Nach der Auflösung dieser Salzlager im frühen Tertiär und dem Nachsinken der darüber liegenden Buntsandstein- und Muschelkalkschichten bildeten sich auf diesem Gebiet im Jungtertiär weitreichende Flachgewässer. Ton- und Sandsteinschichten, zusammen mit abgestorbenen tropischen Sumpfwäldern ergaben wechselhafte Lagen und daraus verbanden sich wasserhaltige Braunkohlelager. Im jungtertiären Vulkanismus durchbrachen

zahlreiche Basaltschlote diese Sedimentpakete. Auf dem Weg zur Oberfläche verfüllte dann das flüssige Gestein seitlich verlaufende weiche, wasserreiche Schichten zu flachen Basaltlagern. Allein in der Langen Rhön standen bis zu 500 Basaltschlote. So eng beieinander, schlossen sich die Basaltlager zu einer riesigen Platte, dem heutigen Hochplateau der Langen Rhön. In mehreren Lücken dieser Basalttafel kommen Tonschichten aus dem Braunkohletertiär an die Oberfläche, was zu einer Vernässung der Talmulden führt und zum großen Teil die Entstehung der Hochmoore stark begünstigt hat.

Millionen Jahre nach dem letzten Vulkanausbruch begann eine kräftige Hebung des Rhöngebietes, und die vulkangeprägte Oberfläche war anschließend einem lang andauernden Abtragungsprozess ausgesetzt. Unvorstellbare Mengen an Boden und Gestein wurden vor allem während der Kalt- und Warmzeiten des Eiszeitalters davongetragen und ausgewaschen, weil eine intensive Verwitterung des Bodens durch den häufigen

Oben: Oberhalb von Wüstensachsen, auf dem Mathesberg, eine einst kräftige Ulme.

Wechsel von Auftauen und wieder Gefrieren einsetzte. Bevor der Untergrund in beträchtlicher Tiefe abzuschmelzen begann, bildeten die oben liegenden Bodenschichten eine gletscherartige Fließerde, die sich während der Kaltzeiten in Tälern ablagerte und in Warmzeiten von reißenden Flüssen und heftigen Winden zersetzt wurde. In dieser Zeit verwandelten sich ehemalige Schlote zu Basaltkegeln und Kuppen, während zusammenhängende Basaltlager die darunter liegenden weichen Schichten vor Abtragung schützten.

In diesen weichen Schichten entstanden mit der langsamen Abkühlung der Basaltlager, der chemischen Struktur folgend, häufig 5- bis 8-eckige Säulen. Geschah dieser Prozess aber schneller, bildeten sich dagegen kugelartige Formen.

Wasser modelliert das Landschaftsrelief

Zahlreiche Bruchstellen und wasserreiche Klüfte in der Basaltdecke, die zum Teil stellenweise

auf weichem, tonigen Untergrund aufsaß, führten durch Rutschbewegungen und Brüche zur Bildung von Basaltblöcken, die dann im Laufe von Jahrmillionen durch die Tektonik in immer kleinere Brocken zerbrachen und die noch heute sichtbaren Basaltblockhalden entstehen ließen.

Durch abfließendes Oberflächenwasser am Rande der schützenden Basaltdecke waren die weichen Gesteine des Buntsandsteins und Muschelkalks intensiven Abtragungen ausgesetzt. Tief haben sich die Flüsse in die Abhänge eingegraben und am Hangfuß flache, relativ breite Talgründe herausgewaschen.

Der Mensch erobert den Wald

Aufgrund ihrer geringen Höhenlage wäre die Rhön heute eigentlich ein reines Laubwaldgebiet mit vereinzelt waldfreien eingestreuten Mooren und Basaltblockhalden. Insbesondere auf den Hochflächen dominierten früher Buchen- und Karpatenbirkenwälder.

Circa 3000 v. Chr., in der Jungsteinzeit, soll die zögerliche Besiedlung der Rhön begonnen haben, wobei sicherlich die Hochlagen weitgehend gemieden und zuerst die Hang- und Tallagen mit dem gemäßigteren Klima bevorzugt wurden.

Relikte einer Festung auf dem Vulkanberg Milseburg lassen auf Siedlungen der Kelten aus der Zeit um 500 v. Chr. schließen. Sie bewohnten ein Gebiet, das sich ins Grabfeld, Werratal und die nordwestlichen Vorlande der Rhön erstreckte. Leider wurden im letzten Jahrhundert vor Christi Geburt viele keltische Befestigungen von den Germanen zerstört.

Circa um das Jahr 500 zog es die Franken über das Gebiet Saale- und Streutal in die Rhön. Es entstanden nach der Christianisierung Kirchen und Steinbauten, Königshöfe, Mili-

Links: Mächtige Basaltwand, Zeitzeuge der Vergangenheit.
Oben: 6- bis 8-eckige Säulen der Prismenwand auf dem Naturlehrpfad am Gangolfsberg.

tärstützpunkte und besonders hervorgehoben, Fulda als später klösterlicher Missionsstützpunkt.

Als unwirtliches Waldland, kalt und düster, galt die Rhön. Den Namen Buchonien erhielt sie im Mittelalter, wahrscheinlich nach ihrem charakteristischen Baumbestand, den Buchen, die den Mischwald dominierten. Mit der Gründung des Klosters Fulda 744 wandelte sich langsam das Gesicht der Landschaft, wurde Wald gerodet, Wiesen und Felder angelegt und die Gegend teilweise urbar gemacht.

Boden und Klima machte es den Bauern zu allen Zeiten schwer, sich langfristig anzusiedeln, da es in manchen Jahren nur geringe Ernteerträge gab.

Ungefähr 1200 begann man die Wälder stark zu roden. Brenn- und Bauholz wurde benötigt, um Siedlungen und Dörfer zu bauen. Auch musste Platz für das Weidevieh geschaffen werden. Waldweiden breiteten sich durch den Holzabbau aus, und das Vieh verhinderte durch Verbiss der Jungtriebe das Nachwachsen neuer Bäume.

Um das 15. Jahrhundert konnte sich die Waldlandschaft etwas vom Raubbau erholen, als die Siedlungen wegen der sich rasch ausbreitenden Pest zunehmend verwaisten.

Auch im 30-jährigen Krieg wurden viele Dörfer entvölkert, verfielen zu Wüstungen, und die Natur und damit der Wald breiteten sich wieder stärker aus. Doch mit zunehmendem Fortschritt kamen die Menschen zurück und eroberten die Landschaft erneut.

Vollständig waldfrei gestaltete sich die Rhön im 3. Reich. Das Dr.-Hellmuth-Lager, angesiedelt am Schwarzen Moor, beherbergte Soldaten des Reichsarbeitsdienstes und Kriegsgefangene. Diese sollten die Rhönberge für Ackerbau, Viehzucht und Ansiedlung von Rhönhöfen vorbereiten. Entwässerungsgräben für die Trockenlegung der Moore wurden gegraben. Die Steine, die aus den Flächen gesammelt wurden, dienten als Zäune und zeichnen noch heute als Lesesteinwälle einzigartige Strukturen in die Landschaft.

Rechts: Urwüchsig und natürlich: ein „moosiges Plätzchen", die Basaltblockhalde am Schafstein.

Ein Biosphärenreservat der UNESCO

Planen und Gestalten im Einklang mit der Natur

Die Realisierung des Dr.-Hellmuth-Plans der Nationalsozialisten, die Rhön urbar zu machen, endete mit dem Untergang des Regimes. Die Wälder waren von den Hochflächen verschwunden, die Landschaft hatte sich zum „Land der offenen Fernen" verwandelt, ohne durch Höfe besiedelt worden zu sein.

Die Bauern nutzten die Hochflächen zum Teil für ihr Weidevieh im Sommer auf den Rhönwiesen, oder fuhren zur Heuernte auf die Höhe, um für den Winter vorzusorgen. So begannen die Bauern Anfang Juli die mühselige Arbeit, aufzusteigen zur „Mahd", mit einfachen Arbeitsgeräten, zum Einbringen des begehrten Rhönheus. Mehrere Tage blieben sie auf den Bergen bis abgeerntet war und alles auf ihren großen Ochsen- oder Pferdewägen aufgeladen ins Tal hinabgefahren wurde. Das hat den Charakter der Parklandschaft bewahrt, eine „Verbuschung" oder eine neue vollständige Bewaldung ist damit vermieden worden.

Durch die vielfältigen Lebensbereiche der Waldgebiete, offene Landschaft, Magerrasen, Borstgrasrasen, Basaltblockhalden, Moore, Wiesen und Feuchtgebiete entwickelte sich im Laufe der Zeit eine große Artenvielfalt in Fauna und Flora. Vier Jahrzehnte deutsche Teilung, mit einer fast unüberwindlichen Grenze durch die Rhön, schufen ungewollt der Tierwelt ein Rückzugsgebiet, in dem Störungen durch den Menschen selten waren, weil hier weite Gebiete zum „Niemandsland" wurden.

Nutzlandschaft wird Schutzlandschaft

Leider litten in der Nachkriegszeit die Moore durch die Ausbeutung des Torfs, der erst privat von der Bevölkerung als billiger Brennstoff und dann in den vielbesuchten Kurorten Bad Kissingen, Bad Neustadt und Bad Brückenau bei Kuranwendungen Verwendung fand. Das Rote Moor wurde durch diesen Raubbau, der erst 1984 eingestellt wurde, fast vollständig zerstört.

Weit über die Region hinaus ist die Rhön als besonders charaktervolles Mittelgebirge mit zum Teil unberührter Natur bekannt. Schon 1939 stellte man Teilbereiche der Rhön, wie das Schwarze Moor, unter Naturschutz. 1982 wies der Freistaat Bayern fast 3.000 ha als Naturschutzgebiet „Lange Rhön" aus, da zwischenzeitlich viele Naherholungssuchende die Rhön als beliebtes Ausflugsziel entdeckten und der teilweise seltenen Pflanzen- und Tierwelt Schutz eingeräumt werden musste. Zusätzlich zum Naturschutz wurde ein Wegegebot erlassen, das die Wanderer auffordert, ausgewiesene Wege nicht zu verlassen. Ein Zonen-Halteverbot für Autofahrer, die sonst die ganze Hochrhönstraße als Parkplatz nutzten, gibt nur noch offiziell eingerichtete Parkplätze frei. All diese Schutzmaßnahmen bilden die Grundlage, diese einzigartige Kulturlandschaft wirkungsvoller zu erhalten und zu pflegen.

Zur Zeit der Wiedervereinigung wuchs bei einigen Naturschützern die Befürchtung, in den Mittelpunkt Deutschlands gerückt, könnte die Rhöner Landschaft eine unkontrollierte Fehlentwicklung nehmen. Die vereinten Anstrengungen, dem entgegenzuwirken, halfen schließlich. 1991 zeichnete die

Links: Ein natürliches Pflaster breitet sich aus, den Hang hinunter fließt ein Basaltmeer, vom Gipfel des Schafsteins nach Poppenhausen.
Unten: In ausgewählten Regionen entwickelt sich allmählich ein „Urwald".

Weltkulturorganisation UNESCO im Rahmen des Programms „Man and Biosphere", (Mensch und Lebensraum) die Gesamtrhön als „Biosphärenreservat der UNESCO" aus. Frei übersetzt: Bio = Leben, Sphäre = Raum, reservat = bewahren –, der Mensch soll seinen Lebensraum bewahren und schützen, d. h., die Bewohner sollen im Einklang mit der Natur wirtschaften, leben und handeln, und dies sollte nachhaltig, „zukunftsweisend" geschehen.

Die Rhön als Modellregion

Eingebunden in ein Netz von weltweit 420 Biosphärenreservaten, 14 davon in Deutschland, erhielt die Rhön eine Auszeichnung dieser Güte, die besonderen Kriterien unterliegt. „Biosphärenreservate sind großflächige, repräsentative Ausschnitte von Natur- und Kulturlandschaften, die zum überwiegenden Teil unter gesetzlichem Schutz stehen. Damit werden – gemeinsam mit den hier lebenden und wirtschaftenden Menschen – beispielhafte Konzepte zum Schutz, zur Pflege und Entwicklung erarbeitet und umgesetzt."

Was am wichtigsten ist: Die zuständigen Regierungen und Verwaltungseinheiten sollen ernsthaft daran interessiert sein, das Gebiet als Modellregion zu entwickeln. Kein leichtes Unterfangen, wenn man weiß, dass das Biosphärenreservat Rhön sich über 3 Bundesländer, Bayern – Hessen – Thüringen, und damit verbunden über 6 Landkreise, erstreckt.

Voraussetzung zur Erfüllung der voranstehenden Aufgaben, zur Umsetzung vieler Ziele, war die Stationierung der Verwaltungsstellen des Biosphärenreservats Rhön. Für Bayern in Oberelsbach, für Hessen erst in Wüstensachsen, seit einigen Jahren auf der Wasserkuppe, und für Thüringen in Kaltensundheim. In jedem Bundesland schafft eine gesetzliche Grundlage die Voraussetzungen für entsprechende Strukturen und Umsetzungsrichtlinien. Verschiedene Arbeitsgruppen, gemischt aus verschiedenen Verwaltungsstellen, erarbeiteten zusammen Projekte. Vorrang hatte hierbei neben Artenschutz und Forschung der Bereich Umweltbildung und Öffentlichkeitsarbeit, da man doch zusammen mit der Bevölkerung der Auszeichnung als UNESCO-Biosphärenreservat gerecht werden wollte.

Um einen einheitlichen Aufgabenkatalog umsetzen zu können, wurde das Planungsbüro von Dr. Grebe damit beauftragt, ein Rahmenkonzept für das Biosphärenreservat Rhön zu erstellen. Abgesprochen mit Politik und Bevölkerung wurde das erste deutsche Gesamtkonzept für ein Biosphärenreservat entwickelt. Es beschreibt anzustrebende Entwicklungsziele für ein zukunftsweisendes, umwelt- und sozialverträgliches Wirtschaften in den Bereichen Landwirtschaft, Forstwirtschaft, Fremdenverkehr, Siedlung, Wirtschaft und Verkehr. Im April 1995 wurde dieses Rahmenkonzept der Öffentlichkeit vorgestellt. Ein Ergebnis der Arbeit war die Untergliederung des Biosphärenreservats in Kern-, Pflege- und Entwicklungszonen.

Urwälder und Moorlandschaften

Kernzonen sind besonders schützenswerte Bereiche, in denen jeglicher menschliche Eingriff unerwünscht ist, die den Forschern des Biosphärenreservats wichtige Informationen liefern. Sie machen ca. 3 % des 184.000 ha großen Gebietes aus. Hier wird die Natur sich selbst überlassen, dürfen Bäume uralt werden und bleiben auch nach dem Absterben im Wald.

Man kann sich kaum vorstellen, dass unweit unserer Dörfer geheimnisvolle Urwälder stehen, mit Abertausenden Lebewesen, die zum Teil noch unerforscht sind. Das betrifft viele Insekten, die aus den mächtigen Laubbäumen Humus bereiten, eine teils unbekannte Tierwelt, und eine Fülle seltener Pflanzen in unterschiedlichsten Gemeinschaften.

Links: Goldgelbes Borstgras zu Füßen einer von Stürmen gezeichneten alten Rotbuche.
Nachfolgende Seiten: Leuchtende Weideröschen malen Farbtupfer in die Hänge der Abtsroder Kuppe.

Auch die Rhöner Moore gehören zu den Kernbereichen: im Bayerischen das Schwarze, Große und Kleine Moor, im Hessischen das Rote Moor und im Thüringischen Petersee Moor und Stedtlinger Moor. Wichtige Hinweise auf frühere Vegetationen hat eine Tiefenbohrung im Schwarzen Moor geliefert. Die Torfmächtigkeit beträgt hier ca. 6 bis 7 m, dabei ist zu erwähnen, dass ein Hochmoor pro Jahr nur ca. 1 mm wächst. So konnte über Pollenuntersuchungen die Bewuchsgeschichte der Rhön größtenteils zurückverfolgt werden.

Sicher hat jeder schon einmal einen größeren Stein vom Boden angehoben und gesehen, wie viel Getier sich darunter verbirgt. Deshalb gehören auch Basaltblockhalden und Felsformationen zu den Bereichen der Kernzone. Einige Schlangenarten und Eidechsen lieben diese Steinmeere und finden hier ihren Lebensraum, ohne den wir diese interessanten, scheuen Bewohner verlieren würden.

Mächtige Steinwände und Prismenhänge zeugen von Zeiten des Vulkanismus, anschauliche Relikte einer abenteuerlichen Entstehungsgeschichte längst vergangener Epochen. Niemand könnte diese Besonderheiten der Rhönlandschaft bewundern, hätte man sie zum Abbau freigegeben.

Mensch und Schaf als Landschaftspfleger

Die ***Pflegezone*** (ca. 37 % der Gesamtfläche) unterteilt sich noch einmal in Pflegezone A und B. Hier wird die Kulturlandschaft zukunftsweisend und schonend erhalten. Nur durch behutsame Pflege von landwirtschaftlichen Betrieben kann das Land der „offenen Ferne" seinen Charakter bewahren. Finanzielle Unterstützung für die Flächenpflege erhalten die Bauern, wenn sie sich an die vorgegebenen Richtlinien halten. Erst nach dem 10. Juli darf mit der Heuernte begonnen werden, und die Flächen bleiben ungedüngt. Der Zeitpunkt ist so gewählt, dass Bodenbrüter die Möglichkeit haben, ihre Jungen großziehen zu können und nicht durch die Arbeit der Bauern von ihren Gelegen verscheucht werden. Die Bauern lassen, u. a. um den Vögeln die Möglichkeit des Unterschlupfs zu gewähren, einen ungemähten Randstreifen am Feld stehen. Außerdem können dann die wunderschönen Bergwiesen ihre Blütenpracht zeigen und beim Abblühen ihren Samen ausbreiten.

Zusätzlich zum Tagwerk des Bauern, sind „vierbeinige Pfleger" für die Flächenpflege gefragt. Um der zunehmenden Verbuschung Einhalt zu gebieten, wurde ein Projekt vom Bund Naturschutz zur Rückkehr des Rhönschafs ins Leben gerufen. Eine Herde mit an-

fangs 50 Mutterschafen zog neben den üblicherweise angesiedelten Merinoschafen über die Flächen. Wegen des geringeren Gewichts gegenüber Merinoschafen züchteten die Rhöner Bauern das Rhönschaf fast überhaupt nicht mehr. Dabei ist es ein Überlebensspezialist auf den mageren Matten der Hochlagen.

Ein Rhönbauer wagte mit Unterstützung des Bund-Naturschutz-Projekts die vollständige Umstellung und gründete eine Weidegemeinschaft, die zurzeit mit hunderten Rhönschafen die Flächenpflege betreibt.

„Aus der Region für die Region"

„Die ***Entwicklungszone*** stellt eine Modellregion dar, in der gezeigt werden soll, dass der Mensch den Lebensraum nutzen kann, ohne ihn zu zerstören. Die Nutzung, der schonende Umgang mit den vorhandenen

Oben: Das „Steinerne Meer" auf der Hohen Rhön säumt Büsche und Bäume, die sich durch den Basalt ihren Weg ins Leben gesucht haben.

Ressourcen, soll deshalb in beispielhafter Weise umweltverträglich und zukunftsweisend sein."

Nur die hier lebenden Menschen können diese Landschaft erhalten. Von der Entwicklungszone müssen die entscheidenden Anstöße zur Erhaltung der Rhönlandschaft in ihrer Eigenart, Vielfalt und Schönheit ausgehen. Beratung und Öffentlichkeitsarbeit stehen deshalb an erster Stelle. In den Bereichen Naturschutz und Landschaftspflege ist deshalb eine gemeinsame Strategie besonders wichtig, da in der Rhön die hohe Wertigkeit durch die traditionelle, vom Menschen genutzte Kulturlandschaft besonders augenscheinlich wird.

Die Zukunft liegt hier im ökologischen Landbau, mit regionalen Vermarktungsstrategien. Artgerechte Tierhaltung, biologischer Anbau der Produkte und Verkauf direkt an

den Kunden, oder mit kurzer Distanz an den Endverbraucher, sind ein hohes, viel versprechendes Ziel.

Auch Heimatliebe geht durch den Magen

Um regionale Vermarktung umsetzen zu können, war es Ziel, Bauern, Handwerker, Schäfer, Metzger, Brauer, Gastwirte, Hoteliers, Kaufleute, Schreiner, Förster und die Verwaltungsstellen an einen Tisch zu bekommen, um einen entsprechenden Plan auszuarbeiten. Vorbereitet wurde dieses Vorhaben durch zahlreiche Einzelinitiativen.

Zwei Gastronomievereinigungen wurden ins Leben gerufen. Die Kooperation „Aus der Rhön – für die Rhön" und „Rhöner Charme" setzen heute die Idee um und verwenden überwiegend regionale Produkte in ihren Betrieben, weisen die Herkunft der Rohstoffe aus und informieren über Anbau- und Aufzuchtmethoden.

Eine Weidegemeinschaft von Rhönlamm-Züchtern gab es schon. Man hatte schon begonnen Lammsalami, Schinken, Wurst in Dosen und Gläsern und Frischfleisch direkt an die Kunden auf Märkten bzw. ab Hof zu verkaufen. Die Schafwolle wird bereits weiterverarbeitet, Strümpfe und Kissenüberzüge daraus hergestellt, ganze gegerbte Felle verkauft. Jetzt war man auch bereit, das qualitativ hochwertige Rhönlamm-Fleisch für die Gastronomie zu liefern.

Ein Highlight auf den regionalen Speisekarten ist die Rhöner Bach- und Regenbogenforelle. Gezüchtet von einheimischen Fischwirten in naturnahen Teichen ist sie ein wahrer Gaumenschmaus.

Durch die Rhöner Apfelinitiative ist das heimische Streuobst wieder für Verbraucher bekannt geworden. Neben naturtrüben Säften, schmackhaften Weinen und hochprozentigen Schnäpsen, werden wieder Brotaufstriche sowie eingemachtes Obst hergestellt und verkauft. Dörrobst, luftgetrocknete Apfelchips und „Tresterpanade" findet man in allen Regionalläden.

Bauern, Schäfer und Ziegenhirten bieten nicht nur nahrhafte Milch an – auch ein reichhaltiges Angebot verschiedener Käsesorten mit teilweise 10 verschiedenen handverlesenen Bergkräutern locken inzwischen wieder Kunden.

Oben: Hinter wunderschönen, artenreichen Blumenwiesen: die sanften Täler der thüringischen Rhön.

„Vom Korn zum Brot" – lautet die Devise von Bauern, Müllern und Bäckern. Biologisch angebauter Weizen und Roggen werden direkt an Rhöner Mühlen geliefert und von dort zu Regionalbäckereien. Hier wird teilweise wieder in Holzöfen gebacken – kerniges Bauernbrot, vielerlei Backwerke und der beliebte Rhöner Blootz, belegt mit Zwiebeln, Obst oder à la Pizza (ein Geheimtipp).

Imker, Korbhersteller, Heubastler und viele andere, die die Idee und Umsetzung nach den Richtlinien des Rahmenkonzeptes mittragen, dürfen nicht vergessen werden.

Rhöner Holzveredler schlossen sich zusammen und verkleiden in Beherbergungsbetrieben die Wände in Rhöner Kuschel- oder Wohlfühlzimmer, bauen aus Rhöner Hölzern wunderschöne, strukturreiche Möbel und Einrichtungsgegenstände.

Tourismus und Naturschutz muss kein Widerspruch sein

Dieses einzigartige Mittelgebirge hat mit der Auszeichnung zum UNESCO-Biosphärenreservat eine einmalige Chance zum Erhalt der natürlichen Ressourcen und einer umweltverträglichen Lebensweise, zum Leben mit und für die Natur, bekommen.

Bis dato bietet der Fremdenverkehr in der Region ca. 15 %, in manchen Orten bis zu 25 % der Arbeitsplätze.

Jährlich nächtigen ca. 450.000 Gäste in der Rhön, bleiben im Schnitt 4 Tage (also ca. 2 Mio. Übernachtungen). Fast 20.000 Gästebetten bieten Bauernhöfe, Hotels und Privatpensionen. Heubetten und Matratzenlager sind eine beliebte Alternative zu Schullandheimen oder Zeltplätzen.

Vorbildlicherweise arbeiten die großen Touristinformationen der Landkreise Rhön-Grabfeld, Bad Kissingen, Fulda und der Thüringer Rhön in Kaltennordheim zusammen und vermarkten das touristische Angebot der Gesamtrhön. Gäste bekommen in den Büros wesentliche Informationen und Angebote für ihren Rhönaufenthalt. Das Netz der Infozentren ist sicher noch nicht vollständig, doch sind schon wichtige Anlaufstellen geschaffen worden: Das „Haus der Langen Rhön" in Oberelsbach, „Haus der Schwarzen Berge" in Oberbach und das „Haus am Schwar-

Rechts: Ein einsamer Hutebaum fängt die letzten Strahlen der Abendsonne, die einen bunten Himmel über die Rhön malt.

zen Moor“ (zur Zeit noch im Aufbau). Sie bieten für die bayerische Rhön über ihr Fachpersonal Informationen auch für Schulen und Kindergärten.

In Hessen wurde in Rasdorf bei Hünfeld das Landschaftsinformationszentrum „Hessisches Kegelspiel“ eingerichtet. Außerdem befindet sich im Groenhoff-Haus auf der Wasserkuppe ein Info-Zentrum der hessischen Verwaltungsstelle mit wechselnden Ausstellungen über das Biosphärenreservat Rhön.

In Thüringen informiert die Verwaltungsstelle in Kaltensundheim und hat zusätzlich mit viel Initiative der dortigen Angestellten und wenig öffentlichen Mitteln verschiedene weitere Infostellen geschaffen: ganz aktuell den Info-Punkt Point Alpha, Räume in der alten Probstei in Zella und im Schloss Fasanerie bei Hermannsfeld.

Kuppen, Kegelspiel und kalte Dörfer

Die Vorlande der Hohen Rhön bieten mit den markanten Kuppen des „Hessischen Kegelspiels", den weiten Tälern der thüringischen Rhön und der vielgestaltigen fränkischen Vorrhön attraktive Ouvertüren.

Der Sockel der Rhön: Sandstein, Muschelkalk, Keuper

In Schichtstufen steigt die Landschaft, von Fulda, Hersfeld oder Bad Salzungen her, vom Rhönvorland mit 200 bis 400 m über NN zur Hohen Rhön bis über 800 m stetig an. Im Gegensatz zum massiven Gebirgsstock der Hohen Rhön findet man, geologisch betrachtet, in der Vorder- und Kuppenrhön, durch Erosion entstandene, markante Kegel und Kuppen sowie weite Täler. Besonders auffällig und bekannt ist eine Berggruppe bei Rasdorf, das so genannte „Hessische Kegelspiel". Mit zunehmender Entfernung von der Hohen Rhön nehmen Höhe und Dichte der Basaltkegel immer mehr ab, bis schließlich im Vorland der Kuppenrhön flachwellige Landschaften vorherrschen, die nur noch vereinzelt von Basaltkegeln durchbrochen werden.

Angefangen vom Bereich der Brückenauer Kuppenrhön, die zum Landkreis Bad Kissingen gehört, herrscht hier der charakteristische Untergrund in Schichten aus Buntsandstein, Muschelkalk und Keuper vor. Buntsandstein, der vorherrschend einen roten Farbton aufweist, wurde weitgehend unter wüstenähnlichen Bedingungen gebildet. Hieraus haben sich, je nach Lehmauflage, sandige Lehmböden oder reine Sandböden als saure Braunerden entwickelt. Der Röt, wie der Obere Buntsandstein auch genannt wird, ist entstehungsgeschichtlich aus schweren Tonböden mit Neigung zu Staunässe und

Wechselfeuchte hervorgegangen. Bereiche aus dem jüngeren Muschelkalk sind meist steile Hanglagen mit dünnen Lehmböden, auf denen großflächig Kalkmagerrasen gedeihen. Den Keuper bildeten überwiegend vermischt abgelagerte tonige und sandige Sedimente, die ebenso häufig von Staunässe gekennzeichnet sind.

Erdbewegungen, die den Rhönvulkanismus auslösten, haben besonders im Bereich der Brückenauer Kuppenrhön bis in den Kissinger Raum so genannte Bruchstörungen erzeugt. Die daraus entstandenen Schollenbildungen sind ursächlich für die dortige Wasserführung. So treten Quellen mit einem hohen Kohlensäuregehalt zu Tage, mineralhaltige Heilwässer, deren die Kurbäder Bad Kissingen und Bad Brückenau ihre Existenz verdanken. An einem Ausläufer dieses Quellhorizonts, entlang der Sinn Richtung Zeitlofs, befindet sich das „Blumenparadies im Sinntal", ein 1975 ausgewiesenes, ca. 16 ha großes Naturschutzgebiet, das durch seine hohe Bodenfeuchtigkeit besonderen Pflanzenarten wie der Schachbrett- oder Schachblume ausgezeichnete Bedingungen zum Wachsen und Gedeihen bietet.

Vorherige Seiten: Auf der steinigen Kuppe des Wachtküppel blickt man auf ein reizvolles Nebelmeer. Die Berge im Hintergrund scheinen nur einen Steinwurf weit weg zu sein.
Unten: Die Abtsroder Kuppe steht im gleißenden Sonnenlicht. Einer der wenigen Sommertage im Mittelgebirge.

Zusätzlich zu den Wiesenblumen ist das Gebiet beliebter Aufenthaltsort verschiedener Wiesenbrüter wie zum Beispiel dem Wiesenpieper. Mit etwas Glück kann man auch ein besonderes Tier beobachten: den nachtaktiven Biber – Europas größtes Nagetier, neu ausgewildert und angesiedelt.

Das „Rhöner Hufeisen"

Wir umrunden den Dammersfeldrücken in die westliche Kuppenrhön über Gersfeld, Steinwand und die Milseburg zum Hessischen Kegelspiel.

Markant, bekannt und wildromantisch: Die Kaskadenschlucht, ein naturnaher wilder Waldbereich, durchzogen vom Feldbach, ist nahe dem Kneippheilbad Gersfeld, ein beliebtes Wanderziel. Wer die Wildtiere des Waldes nahe genug vor seine Linse bekommen möchte, besucht hier den Hochwildschutzpark, der heimische Arten wie Rehe, Wildschweine, Dammwild, Rotwild, aber auch einige „Exoten" in der Rhön beheimatet.

Ziel für einige sportliche Akteure ist sicher die Steinwand bei Poppenhausen. Eine Felsenwand aus Phonolith, was „Klingstein" bedeutet. Seine Struktur ist dem Basalt sehr ähnlich, schlägt man aber mit einem Stock eine dünne Phonolithplatte an, ertönt ein typischer Klang.

Diese Wand ist vom Abbau verschont geblieben. In der Nähe gibt es einige Steinbrüche, die sich teilweise zu reizvollen Landschaftsteilen „renaturiert" haben. Einige Abbaustellen sind mit Wasser gefüllt und bilden schöne Teiche. Sehenswert sind der alte Steinbruch am Farnsberg, am Schwarzen Acker, der Sandsteinbruch am Wachtküppel, am Großen Nallen oder am Ulmenstein im Nüsttal.

Weiter auf dem „Rhöner Hufeisen" gehts zur Milseburg, ein Naturschutzgebiet mit einer Größe von 44 ha. Entstanden ist dieser Vulkanberg in einem Zeitraum vor ca. 25–11 Mio. Jahren, etwa zu der Zeit, als auch die Alpen aufgefaltet wurden. Durch Frostsprengung zerfiel das Phonolithgestein teilweise zu Blockschutthalden. Eine klimatische und geologische Eigenart macht den Milseburg zu einer besonderen Lebensgemeinschaft: Auf einzelnen Steinblöcken wachsen Flechten und Moose, die in Europa nur noch an sehr wenigen Stellen vorkommen. Flechten sind Pilz- und Algenarten, die sich zu einer Gemeinschaft zusammengefunden haben, einige davon wachsen auf Steinen, andere auf der Rinde von Bäumen. Flechten sind sehr trittempfindlich, wenn sie einmal beschädigt wurden, können sie nicht mehr wachsen.

Ein gelangweilter Riese vergnügt sich

Neben geologischen und botanischen Besonderheiten sorgen zahlreiche Geschichten und Sagen für den hohen Bekanntheitsgrad des markanten Berges. Nachdem angeblich der hl. Gangolf beim „Milse-Hannes" Zuflucht vor seiner streitsüchtigen Frau suchte, soll dieser versucht haben, ihn zu ermorden. Da dies misslang wurde der Mils vom Teufel persönlich unter den Felsen der Milseburg begraben.

Einer anderen Sage nach soll es dem Riesen Mils so langweilig auf dem Berg geworden sein, dass er sich einen Ochsen vom Bauern stahl, um sich mit ihm als Haustier zu vergnügen. Auch das machte ihm auf Dauer keinen Spaß, so ging er ein Bündnis mit dem Satan ein, der ihm einen Weg aus der Langeweile versprach, indem er jeden gläubigen

Links: Raureif gefrorene Äste: Eine frostige Last tragen Bäume und Sträucher oft schon zu Beginn des Herbstes.

Besucher des Berges erschlagen sollte. Als aber ein Kreuz aus der Ferne ihn bei einem Mordversuch blendete und er den Stein vorbeiwarf, fiel er unglücklich auf seinen Kopf und starb. Der danebengeworfene Stein landete einige Kilometer weiter und trägt heute den Namen Vogelsberg.

Das „Hessische Kegelspiel"

Wir gelangen vom Berg Mils zur nördlichen Vorrhön, dem Hessischen Kegelspiel. Die einzelnen Kegel sind um die 500 m hoch, der Soisberg ist mit seinen ca. 600 m Höhe der Mächtigste und wird deshalb der König des Kegelspiels genannt. Um die neun Kegelberge zu finden, orientieren Sie sich an Hünfeld, Rasdorf und Eiterfeld und deren umgebende Berge: Lichtberg, Rückersberg, Appelsberg, Stallberg, Morsberg, Wieselsberg, Hübelsberg und Kleinsberg. Der Soisberg ist ein bewaldetes Naturschutzgebiet mit ungewöhnlicher Flora und Fauna. Früher trug der Gipfel einen Aussichtsturm aus Holz, der die harten Rhönwinter und die trübe Nebelnässe nicht überstehen konnte. Am Fuß der Berge finden Sie das älteste Siedlungsland, das geschichtlich bis in die Karolingerzeit des 8. und 9. Jahrhunderts zurückreicht.

Wurde früher der Blick durch Grenzzäune und Wachtürme gestört, so findet man nach über 10 Jahren der Wiedervereinigung nur noch wenige von diesen Relikten, die an die Zeit der Deutschen Teilung erinnern. Überquert man die Grenze von der hessischen zur thüringischen Rhön, die einige Jahrzehnte auch die Grenze zwischen der Bundesrepublik und der DDR war, vorbei an der Gedenkstätte mit dem neu errichteten Info-Zentrum Point Alpha, gehört dazu vorher im Örtchen Rasdorf ein Besuch des Landschaftsinformationszentrums.

Rechts: Die Steinwand bei Poppenhausen ist mit ca. 25 m hohen Phonolithsäulen ein beliebter Kletterfelsen für Freizeitsportler.
Nachfolgende Seiten: Nicht immer schwindet die Eiszeit so sanft wie es hier, am Fuße des Gebaberges, erscheinen mag.

Der „Monte Kali" – Blickfang von Menschenhand

Nördlich gelegen erblicken wir den „Monte Kali" bei Heringen. Vom Menschen ist hier, das Unterste zum Obersten gekehrt worden. Das beim Abbau des Kalisalzes als Abraum angefallene Steinsalz aus der Zechsteinzeit wurde hier aufgehäuft und steht jetzt als weißer Berg in der Landschaft. Vom „Öchsen" aus, der Überreste der Keltenzeit aufweist, kann man den „Monte Kali" wunderbar betrachten. Künstler schätzen ihn als Kontrast und bemerkenswertes Unikat für spannungsreiche Landschaftsmalerei. Ein Besuch im Kalibergwerk Merkers bei Dorndorf ist interessant und erlebenswert. Schon früher war man sich der wirtschaftlichen Bedeutung des Kalivorkommens in diesem Gebiet bewusst. Durch den Bau der Gleise für die Felda-Schmalspurbahn entstanden dort kleine Industriegebiete wie etwa eine Porzellanfabrik in Stadtlengsfeld, die Metallwarenfabrik in Fischbach und die Rhönglashütte in Dermbach. Diese Fabriken boten in der Zeit der DDR den wirtschaftlich wenig verwöhnten Thüringer Rhönern industrielle Arbeitsplätze. Nach der Grenzöffnung sind die meisten dieser wenig rentablen Firmen nach und nach verschwunden.

„Die kalten Dörfer"

Halten wir uns kurz in den sog. „kalten Dörfern", Kaltensundheim, Kaltennordheim, Kaltenwestheim und Kaltenlengsfeld auf. Den Namensvorsatz „Kalten" haben diese Dörfer angeblich wegen der niedrigeren Temperaturen gegenüber dem milderen Werratal bekommen. 2 bis 4 °C ist es hier im Jahresdurchschnitt kälter, was aufgrund der Höhenlage zwischen 400 m und 600 m erklärlich ist. So kühl die Gegend auch sein mag, es gab immer wieder Besucher, die sich für sie erwärmen konnten. Kein Geringerer als Goethe zählt zu ihnen, konnte er sich auf seinen

Links: Sonnenaufgang, ein Weichzeichner der Natur. Die warmen Farben kündigen einen freundlichen Tag an.

Inspektionsreisen hierher immer wieder für die geologischen Phänomene begeistern.

Die Moritat vom „Rhön-Paulus"

Blättert man in alten Rhöner Chroniken, ist darin auch immer wieder vom „Rhön-Paulus" die Rede. Er ist keine Märchenfigur, sondern hat hier in der Gegend als Sohn eines Schäfers gelebt. Ihm soll allerdings in jungen Jahren Unrecht angetan worden sein, was ihn dazu veranlasste, an den Feldzügen des Siebenjährigen Krieges teilzunehmen. Davon zurückgekehrt, begann er, das ihm widerfahrene Unrecht zu rächen. Herberge und Hauptquartier errichtete er sich auf dem 640 m hohen Neuberg in sehr reizvoller Gegend. Am Fuß des Berges liegt der „Ibengarten" mit mehr als 400 uralten Eiben, über und neben ihm existiert ein mächtiger Buchenwald. Von hier aus unternahmen Rhön-Paulus und seine wilden Gesellen ihre legendären Raubzüge. Gendarmen, Husaren, Steckbriefe, Kopfprämien – nichts half ihn zu fangen.

Durch einen Verräter hat man ihn schließlich gefangen, doch trotz schwerer Ketten konnte er wieder entkommen. Nach der Flucht wurde er erneut gefangen, und fast

wäre er wieder entflohen. Da die Obrigkeit nun merkte, wie schwer der Rhön-Paulus zu halten war, ließen sie eigens für ihn einen Kasten aus festem heimischen Eichenholz bauen. Nur sein geschundener Kopf ragte aus dem Kasten. So stellten sie ihn vor Gericht und schafften ihn anschließend zum Neuberg hinauf. Da wo er einst lebte, stand nun auch sein Galgen, bereit seinem Leben ein Ende zu setzen.

Zahlreichen Holzschnitzern, die gerade in der thüringischen Rhön eine alte Tradition pflegen, dient diese Figur als beliebtes Motiv. Meist dargestellt als einfacher Rhön-Bauer, mit weitem Mantel und breitrandigem Hut.

Wanderschuhe statt Armeestiefel

Ein weiterer Ausflug lohnt hinauf zum 751 m hohen Gebaberg der östlichen Kuppenrhön. Zur DDR-Zeit stand auf dem Berg eine Kasernenanlage der sowjetischen Armee. Heute sind die damaligen Baracken teilweise als gastronomische Bergstationen ausgebaut und dienen der Öffentlichkeitsarbeit der Biosphärenreservatsverwaltungsstelle und den örtlichen Touristikvereinen als Besucherinformationsstation.

Der Rhönklub ist mit der „Meininger Hütte“ dort vertreten, und der Berg entwickelt sich zu einem beliebten Wanderziel, u. a. wegen des reizvollen Bergrückens und den Rhöner Naturschätzen wie Basaltblockhalden, Moorbereiche sowie seltenen Pflanzen des Trockenrasens. Auch ein Erlebnisspiel-

Links: Während im hessischen Ulstertal schon saftige grüne Wiesen auf den Frühling warten, muss die Vegetation auf den Bergen noch mit kräftigen Nachtfrösten kämpfen.
Oben: Majestätische Schwarzstörche, die in alten hohen Baumriesen ihre Jungen großziehen. Es ist ein einzigartiges Schauspiel, sie weit oben im Himmel kreisen zu sehen.

bereich und Kunstobjekte in der freien Natur locken die Besucher hierher.

Besondere Großereignisse machen den Gebaberg ebenfalls bekannt: Wandergruppen veranstalten mittlerweile jährlich verschiedene Wettbewerbe und Treffen, von denen örtliche Radio- und Fernsehanstalten gerne berichten.

Schön, dass – abseits dieser touristisch markanten Stellen – trotzdem auch beschützte und wertvolle Bereiche, vor allem im ehemaligen innerdeutschen Grenzstreifen, optimalen Lebensraum für seltene Pflanzen und besondere Tierarten bieten.

Selten findet man in Mitteleuropa noch solch herrliche Kalkmagerrasen wie in der thüringischen Rhön. Sie sind durch landwirtschaftliche Nutzung an den Muschelkalkhängen entstanden.

Von 11 Aposteln und der Pensionsviehhaltung

Vor einem Streifzug in Richtung Hohe Rhön, sollte man einen Teil der Vorderrhön, das Ulstertal in der hessischen Rhön, besuchen. Wer sich von Nordosten der Hohen Rhön nähert, passiert die kleine Stadt Tann. Idyllisch im Ulstertal, zwischen dem Habelberg (716 m) und dem Engelsberg (728 m) liegt das Städtchen, das auf eine fast 1300-jährige Geschichte zurückblickt. Hier sind mancherlei beachtliche historische Sehenswürdigkeiten erhalten geblieben wie das im Jahre 1563 vollendete Renaissance-Stadttor, auch das Tor zur Rhön genannt, die um 1600 entstandene Schlossanlage der Reichsfreiherren „von und zu der Tann“, der Stadtbrunnen, der Schlossbrunnen und die St. Nikolauskirche. Ganz markant ist sicher auch das

11-Apostel-Haus. Es sind nur 11 Apostel verewigt, da ja der 12. Jesus verraten hat und deshalb ignoriert wird. Einen Besuch sollte man sowohl dem Naturkundemuseum im Stadtkern abstatten als auch am Rand ein kleines Freilandmuseum besichtigen, wo anschaulich früheres Leben der Rhön gezeigt wird.

Weiter gelangt man zur Wasserkuppe (950 m), Milseburg (835 m) und Buchschirm (746 m) zum Brand- und Scheppenbachtal, durch den Luftkurort Hilders zur sanft welligen Weidelandschaft des Ulstertals, bis zum 816 m hohen Ehrenberg, der der gleichnamigen Großgemeinde 1972 Pate stand.

Noch heute ist gerade dieser Bereich vor der Hohen Rhön ein kleinstrukturiertes Bauernland. Weitgehend wurde dieser besondere Charakter bewahrt, saftige Weiden ernähren robustes Fleckvieh und die heimischen Rhönschafe betätigen sich auf den weiten Wiesenmatten als Landschaftspfleger. Da die steinigen steilen Hänge zur Hohen Rhön hin keine maschinelle „Mahd" erlauben, ist man dankbar für die Arbeit, die das Vieh verrichtet.

Schon fast Tradition hat die Pensionsviehhaltung. Rinder von Landwirten aus dem weiteren Umkreis werden auf die Hangbereiche zur Rhön gebracht und können dort den ganzen Sommer über die gesunden Gräser und Kräuter der Rhönwiesen genießen. Dazu gehört dann im Herbst der zünftige „Almabtrieb", der jedes Jahr Ende September in einigen Orten der hessischen Rhön gefeiert wird.

Unten: Aus Nebelfeldern ragen Altmark, Geba und Diesburg hervor. Die Dörfer in der thüringischen Rhön sind abgetaucht ins Feldatal.

In ihrer herben Schönheit ohne Konkurrenz: die höchsten Gipfel der Rhön!

Endloser Horizont, waldfreies Hochland, zauberhafte Blütenflächen, geheimnisvolle Moore und knorrige Bäume als Zeitzeugen formen den Charakter der Langen Rhön.

Land der offenen Ferne: das Herz des Mittelgebirges

„Hier find ich – alle Antworten dieser Welt ...
der Wind säuselt sie mir, durchs Blattgrün
uralter baumriesiger Buchen.
Noch weiser – grummeln Basalte empor
Frisch und jung, wispern's die Bergwiesen
Beantwortet – alle Fragen
von gestern, morgen und heute ...“

Das Land der offenen Ferne, das Herz Deutschlands, Biosphärenreservat der UNESCO und Kulturschatz, alles Bezeichnungen für die erwanderbare Rhön. Viele Bücher, Gedichte, Verse, Geschichten und Sagen sind über die Rhön schon geschrieben worden. Ursprünglich das Armenhaus Deutschlands in früherer Zeit genannt, dann zweigeteilt durch die Geschichte, jetzt wieder vereint – und auserkoren, Modellregion zu sein. Die Rede ist vom Herzstück des Mittelgebirges, der Hohen Rhön mit dem Hochplateau der Langen Rhön.

Aus der Geologie der Entstehungsgeschichte kennt man den Vulkanismus und die Basaltaufschlüsse der Rhön. Die „Lange Rhön“ stellt eine geschlossene Basaltdecke dar, von deren Kamm der Blick in weite Ferne reicht: Richtung Thüringer Wald, hessischer Vogelsberg, weit hin zum bayerischen Saaletal, zum Spessart und den fränkischen Weinbergen. Diesem besonderen, außergewöhnlichen Reiz der charakteristischen Hochflächen kann man sich kaum entziehen.

Lassen Sie uns, nach dem Ausflug ins Ulstertal, von der östlichen Vorder- und Kuppen-

rhön dieses faszinierende Gebiet „Lange Rhön“ erkunden.

Wer auf dem schon beschriebenen Gebaberg steht, kann sich die ehemals von den DDR-Agrarhöfen großflächig genutzten Flächen im Tal anschauen.

In den 60er Jahren wurden alle landwirtschaftlichen Nutzflächen von landwirtschaftlichen Produktionsgenossenschaften bewirtschaftet. Durch Zusammenlegung sind bis zu 3.000 ha große Betriebe entstanden, deren Nutz- und Arbeitsteilbereiche an die einzelnen Ortschaften verteilt wurde, getrennt zwischen Kälberaufzucht, Rindermast, Milchviehhaltung, Schweinezucht und Ackerbau. Das Resultat dieser Zeit sind große ausgeräumte Ackerlandschaften und artenarmes Grünland.

Glücklicherweise wurde in den höher gelegenen Flächen der damaligen thüringer Rhön, die extensive Schafhaltung in großem Umfang betrieben. Dadurch sind Gehölze zurückgebissen und die Flächen mit meist starkem Gefälle freigehalten worden.

Nirgends sonst in Deutschland gibt es noch solch herrlichen Kalkmagerrasen wie in der thüringer Rhön. Auf den ersten Blick ist die Besonderheit dieser Gegend nicht einzufan-

Vorherige Seiten: Das warme Licht der Abendsonne legt sich versöhnend über die frostige Kälte. Die Hohe Rhön bereitet sich auf eine eisige Winternacht vor.
Oben: Die Felsen der Abtsroder Kuppe fangen das frühe Morgenlicht ein und blicken zur Milseburg hinüber.

gen, doch bei näherer Beobachtung findet man viele herrliche Blütenpflanzen und seltene Schmetterlinge. Pflanzenarten, die den Schafen nicht schmecken, wie die stachelige Silberdistel, wilder Wacholder und Schlehe sowie der Fransen-Enzian, die Zypressen-Wolfsmilch, Orchideenarten und der deutsche Enzian, gedeihen hier, weil sie ideale Wachstumsmöglichkeiten vorfinden.

Das höchste Dorf liegt am Dreiländereck

Unweit des 814 m hohen Ellenbogens in der thüringischen Langen Rhön thront in 750 m Höhe Frankenheim, der höchstgelegene Ort des Gebirges. Ein Dorf, das mit grimmigster Kälte und stürmischem Wind fertig werden muss. Nur noch ältere Leute wohnten dort, die Jüngeren wollten sich das karge Leben nicht zumuten. Zu DDR-Zeiten umrundete das Dorf ein extra Zaun, vor 22 Uhr abends musste jeder Einwohner innerorts sein und zum „Hineinkommen“ mussten sogar Ausweiskontrollen passiert werden.

Links: Noch kann die Morgensonne den Nebel im Schwarzen Moor nicht durchbrechen. Die Krüppelkiefern aber strecken sich jedem wärmenden Strahl entgegen.
Oben: Umspielt von regenwassergefüllten Flarken erheben sich die Bulte, die, mit bluhender Erika bewachsen, dem Moor ein leuchtendes Farbenspiel liefern.
Nachfolgende Seiten: Den letzten Farbtupfer des Jahres bringt die Heideblüte, die hier im Großen Moor auf der Langen Rhön den Boden bedeckt.

Vom „Dreiländereck“, einem überaus beliebten und bekannten Ausflugsziel, beobachteten die „Wessis“ das Geschehen dort und an der nahen „unübersehbaren“ Grenzanlage.

Am „Dreiländereck“ treffen Thüringen, Hessen und Bayern aufeinander. Hier isst man obligatorisch eine deftige Bratwurst am Kiosk und besucht einen der interessantesten Naturschätze der Rhön – eines von 6 Mooren, die es in der gesamten Rhön gibt, das 66 ha große Schwarze Moor, in Gesellschaft des Kleinen und Großen Moors auf der bayerischen „Langen Rhön“.

Moore wachsen langsam

Die Rhöner Moore sind etwa nach der letzten Eiszeit vor ca. 10.000 Jahren entstanden, sind also vergleichsweise junge Landschaftsteile.

Moore entstehen nur dort, wo ausreichende Niederschlagsmengen (ca. 1.000 mm im Jahresdurchschnitt) vorhanden sind und aus klimatischen Gründen wenig Wasser verdunstet, eine ausgeglichene hohe Luftfeuchtigkeit vorherrscht und zusätzlich eine wasserundurchlässige Ton- oder Lehmschicht im Untergrund das Wasser zurückhält.

Voraussetzung vor allem aber ist die Ansiedlung von Torfmoosen, die auch auf der Wasseroberfläche schwimmen, besondere Pflanzentypen, die wie alle Moose keine Wurzeln besitzen und das bis zu 20-fache ihres Eigengewichtes an Wasser speichern können. Ihre

Oben: Der rundblättrige Sonnentau ist als fleischfressende Pflanze in der Lage, durch den Fang von Insekten den Nährstoffmangel des stickstoffarmen Moorbodens auszugleichen.
Rechts: Wie Wattebäuschchen beflockt das fruchtende Wollgras zwischen krüppeligen Kiefern im Frühjahr den Moorbereich. An manchen Stellen könnte man meinen, vor einem Baumwollfeld zu stehen.
Nachfolgende Seiten: Die Abendsonne versinkt im Nebel, der durch das hessische Rote Moor zieht. Die kleinen Wasserflächen fangen in der Dämmerung das warme Licht des Tages ein.

Nährstoffaufnahme erfolgt über die Oberfläche. Bis zu 11 verschiedene Arten davon kommen im Schwarzen Moor vor.

Durch das Absterben dieser Moose und anderer Pflanzenteile, deren Abbau unter Luftabschluss durch hoch stehendes Wasser stark gehemmt ist, entsteht allmählich Torf. Moore bestehen fast vollständig aus Resten toten organischen Materials, d. h. aus abgestorbenen Pflanzen.

Da man weiß, dass ein Moor pro Jahr nur ca. 1 mm wächst, und die dickste Torfmächtigkeit im Schwarzen Moor ca. 8 m erreicht, kann man nachrechnen, wie alt diese Torfschichten sind: ca. 8.000 Jahre. Nicht nur deshalb wurde das Schwarze Moor schon 1939 zum Naturschutzgebiet erklärt.

Die Moore entstanden in bis zu 25 m tiefen Basalteinbrüchen, auf deren Grund sich Buntsandstein und Ton zu einer nahezu wasserundurchlässigen Schicht abgelagert hatten. Regenwasser sammelte sich darin zu einem tiefen, nährstoffarmen See. Torfmoose wuchsen im Laufe der Zeit vom Rand her über die-

se Seeflächen und bildeten ca. 30 cm dicke Schichten, worauf sich dann spezielle Pflanzenarten und Schwingrasen ausbreiteten. Man könnte an eine saftige grüne Wiese denken, wenn man daran vorbeispaziert. Allerdings ist ein Betreten dieser Flächen lebensgefährlich: Man bricht nämlich durch den schwimmenden Schwingrasen, versinkt, und die Rasendecke schließt sich schnell wieder.

Aufbau und Entstehung hat das Rote Moor auf hessischer Seite der Langen Rhön mit dem Schwarzen Moor gemeinsam. Leider ist das Rote Moor bis in die 70er Jahre fast völlig abgebaut, d. h. zerstört worden. Die nahe gelegenen Kurbäder holten sich hier ihren Torf für die Moorpackungen der Kurgäste und betrieben so Raubbau an der Natur.

Aufwendige Renaturierungsmaßnahmen, die zwischen 1981 und 1986 eingeleitet wurden, halfen, durch Anhebung des Grundwasserspiegels, den Torfkörper neu aufzubauen. Aufklärungsarbeit über die Besonderheit die-

ser Naturschätze und die Ausweisung zu Naturschutzgebieten (NSG) gewähren heute eine Stabilisierung und Erhaltung der Moore.

Das wohl bekannteste Hochmoor, das Schwarze Moor, kann man über einen Holzbohlensteg auf den Randgehängen des Moors auf einer Länge von ca. 2,2 km durchwandern und kommt trockenen Fußes zum Ausgangspunkt zurück. Hinweis- und Erklärungstafeln über Beschaffenheit und Zustand der Moorflächen wurden 2002 neu gestaltet und an den Ruhezonen des Steges aufgestellt.

Folgt man dem Bohlensteg durch die verschiedenen Bereiche, führt er uns zuerst am Waldrand vorbei. Hier findet man eine der wenigen Baumarten, die auf den nasskalten und sauren Moorstandorten gedeihen können. Die seltene Karpatenbirke ist eine Unterart der Moorbirke und bildet hier auf feuchten Mineralböden bereits geschlossene Wäldchen. Nur vereinzelt eingestreut wachsen Kiefern und Vogelbeere, in deren Schatten allerdings außer wenigen Flechten und sprossendem Bärlapp wenig Bodenbewuchs gedeiht.

Der Weg führt weiter durch die unberührt anmutende Fläche. Vorbei an Pflanzen, von denen ca. 60 % gefährdet oder vom Aussterben bedroht sind.

Fieberklee, Mooraugen und Rhöner Bonsai

Wir kommen zum Niedermoor, das sich wie ein Sumpfgürtel um das intakte Hochmoor zieht. Hier vermischt sich das ablaufende Moorwasser mit hoch anstehendem Grundwasser und Oberflächenwasser, wird dadurch mit Nährstoffen angereichert und bietet dann einen Lebensraum auch für anspruchsvollere Pflanzenarten wie dem Sumpfblutauge, dem Fieberklee, dem Wollgras, der grauen Segge und dem Hundsstraußgras. Bunt eingestreut darin auch Preiselbeere und Heidelbeere.

Durchschreitet man das Randgehänge mit vereinzelten Kiefern, Birken und Zwergsträuchern, kommt es einem vor, als betrete man eine völlig andere Landschaft. Hier begegnen wir im Herbst der violettblühenden Besenheide, der Krähenbeere und der Moosbeere, die üppig auf den Bulten (buckelartige Erhebungen) blühen. Auch Rauschbeeren, dem Aussehen der Heidelbeere gleich, sind hier großflächig vertreten.

Links: Das Moorauge im Schwarzen Moor streift sich schon eine glühende Nebeldecke über. Es nimmt Tagträume mit in die Tiefe, für immer verschollen.

Durchzogen wird der uhrglasförmig aufgewölbte Hochmoorkörper von wassergefüllten Flarken (Risse, die dem Randgehänge Wasser zuführen und durch Frostspannung entstehen) und Schlenken (seichte, nährstoffarme Vertiefungen zwischen Bulten, in denen die Torfmoose gedeihen).

Weit öffnet sich hier das Moor, der spärliche Baumbewuchs gibt den Blick auf die zentrale Hochmoorfläche frei. Vereinzelt stehen noch bis zu 80 Jahre alte Krüppelkiefern wie handgeschnitzte Rhöner Bonsai.

Dabei fällt einem auch eine runde teichähnliche Wasserfläche auf, die Moorauge genannt wird. Dessen Entstehung ist noch nicht endgültig geklärt. Die Wassertiefe des Moorauges ist ca. 2,5 m, darunter folgt eine mächtige Tonschlammschicht von ca. 1,5 m und in 4 m Tiefe stößt man dann auf die wasserundurchlässige Tonunterlage. Das Wasser im Moorauge ist nährstoffarm und sauer, seine kaffeebraune Farbe erhält es von gelösten Humusstoffen. Die Temperatur des Wassers ist bis in den Hochsommer hinein sehr niedrig, Tiere wie Fische und Frösche, aber auch höhere Wasserpflanzen fehlen hier gänzlich.

Bevor der Moorsteg gebaut und das Moor eingezäunt wurde, sind gerade diese Wasserflächen stark geschädigt worden. Tausende Besucher durchquerten querfeldein den Moorbereich und gingen bei schönem Wetter in den Wasserflächen baden. Es dauerte lange, bis die Uferstellen sich von den Trittschäden wieder erholt hatten.

Von Leichen, Knaben und sündigen Dörfern

Als letzte und wenig veränderte Naturlandschaft faszinieren einen die Hochmoore. Sie stellen für die Forscher regelrechte Archive der Bewuchs- und Klimageschichte dar. Anhand konservierender Eigenschaften, die das Moor hat, lassen sich durch Probenentnahme von Torfschichten noch nach Jahrtausen-

Rechts: Moorbirken im warmen Abendlicht, eine der wenigen Baumarten, die auf den nasskalten und sauren Moorstandorten gedeihen können.

den Schlussfolgerungen auf frühere Vegetations- und Klimaverhältnisse ziehen. Funde von Zeugnissen alter Kulturen, z. B. gut erhaltene so genannte „Moorleichen" ermöglichen Rückschlüsse auf die Lebensweise unserer Vorfahren.

Für Maler, Lyriker und Sagenschreiber dient das Moor als ideale Inspirationsquelle. Wandern Sie einmal an einem schönen Novembermorgen im Moor umher. Nebelverhangen beginnt die Herbstsonne einen gleißenden Schimmer auf die Konturen der Pflanzen und Bäume zu zeichnen, wie Irrlichter schimmert ihr Strahl auf der Wasserfläche der Mooraugen ..., wabernde Schwaden umwittern den Gang ...

Wem fiele dabei nicht Annette von Droste-Hülshoffs stimmungsreiches Gedicht „Der Knabe im Moor ein: „Oh, schaurig ist's übers Moor zu geh'n ...".

Oder die „Sage vom versunkenen Dorf": ... vor undenklichen Zeiten versank im Schwar-

Oben: *Ein kalter Wintertag. Die Natur hält den Atem an. Bäume, Sträucher und Bodenvegetation tragen die Eislast des feuchten Windes. Ein Flark im Schwarzen Moor … erstarrt.*

Links: *Die Frucht des schmalblättrigen Wollgrases streicht feenartig über die Flächen des Niedermoors.*

Nachfolgende Seiten: *Die Moorbirke, eine Unterart der Karpatenbirke, bildet auf dem feuchten Mineralboden des Moores kleine geschlossene Wäldchen.*

zen Moor ein großes Dorf, weil die Einwohner von ihrem sündhaften Leben nicht ablassen wollten. An die Stelle des Dorfes trat nun ein unergründlich tiefer, schwarzer See, der nach und nach bis auf die wenigen schwarzen Löcher von einer dichten Rasendecke überzogen wurde. In der Tiefe des Moores jedoch ist das Leben noch nicht erstorben … denn wenn die Bewohner des versunkenen Ortes nach ihrer Kirche eilen und reuevoll dort um Erlösung beten, dann braust es im Moor gewaltig, und schwarzes Wasser gärt aus den so genannten Mooraugen. Auch haben manche Wanderer, die am Rande des Moores rasteten, zuweilen noch die Turmuhr schlagen und die Hähne aus der Tiefe krähen hören. Doch drei Jungfrauen aus dem versunkenen Ort war es gestattet, einmal im Jahr aus dem Moor em-

porzusteigen. Sie wurden in der Umgebung nur die Moorjungfern genannt und kamen regelmäßig zum Kirmestanz nach Wüstensachsen. Von dort mussten sie aber jedes Mal vor Mitternacht ins versunkene Dorf zurückkehren. Als sie aber von liebestollen Burschen eines Nachts über die Zeit zurückgehalten wurden, verließen sie überaus traurig den Tanzplatz. Am nächsten Morgen war einer der Mooraugen blutrot gefärbt. Die Moorjungfern hat seitdem keiner mehr zu Wüstensachsen gesehen. Doch schweben zu nächtlicher Stunde noch die Seelen der drei Moorjungfern und der anderen Versunkenen als Irrlichter übers Moor.

El Dorado für Pomologen

Von diesem sagenumwobenen Ort gelangt man zum Eisgraben, durch den die Entwässerung des Moores erfolgt. Eine kurze Rast tut gut, um dem ruhigen Rauschen des ca. 2 m hohen Wasserfalls zuzuhören. Zur Gemarkung Hausen/Rhön gehört der Bereich, der hier durchwandert wird. Ein Abstecher von der Hohen/Langen Rhön zum neu ausgewiesenen Streuobstlehrpfad dieser Modellgemeinde des Biosphärenreservats Rhön ist immer interessant, denn es sind schließlich in der Rhön ca. 177 verschiedene Apfelsorten und ca. 25 verschiedene Birnensorten bekannt. So gründete sich eine Initiative diese Sorten zu bestimmen, zu erhalten und zu vermarkten. Prädestiniert ist gerade Hausen, da hier ein intakter Streuobstgürtel um das Dorf erhalten blieb und noch recht alte Obstsorten vorkommen, die eigentlich aus der Sicht der Pomologen schon als ausgestorben galten. Der jährlich stattfindende Apfelmarkt ist beim Herbstbesuch in der Rhön eine kurzweilige Abwechslung.

Borstgras statt Rasenschmiele

In Höhe „zwischen 400 und gut 800 Metern“, mit den frühjahrsbunten Bergwiesen, liegen die Hochflächen der Langen Rhön, die zu den wertvollsten, aber auch am stärksten ge-

Oben: Die Hutebuche auf der Langen Rhön ist schon gezeichnet von strengen eisigen Wintern. Sie gibt nicht auf, lässt an mageren Ästen noch Blattgrün wachsen.
Nachfolgende Seiten: Gleich chinesischen Scherenschnitten zeichnen sich die Konturen der raueisigen Baum- und Strauchgewächse in der warmen Wintersonne der Langen Rhön ab.

fährdeten Landschaften Deutschlands gehören. Sie sind Lebensraum vieler vom Aussterben bedrohter Tier- und Pflanzenarten. Silberdistel, Arnika und Trollblume, Birkhuhn, Schwarzstorch und Uhu finden hier letzte Rückzugsgebiete. Die Bestände an Borstgrasrasen der Langen Rhön sind die bedeutendsten in Deutschland.

Früher weideten Jungrinder auf den Hochflächen der Rhön, doch nach und nach war es einfacher und kostengünstiger Schafe abgrasen zu lassen. Unter dem Weidedruck der anfangs zu wenigen Schafe, entwickelten sich die einstmals kurz gefressenen Borstgrasrasen bald zu hügeligen Rasenschmielenbeständen, und Blütenpflanzen wie die Arnika, wurden von hochwüchsigen Gräsern wie Rasenschmiele und Bergrispengras mehr und mehr verdrängt.

Eine Wende erfolgte, als das Interesse an der Schafhaltung durch den Wiederaufbau von Rhönschafherden Ende der 80er Jahre, initiiert durch den Bund Naturschutz e. V., zunahm.

Unterstützt durch europäische Fördermittel, begann ab dem Jahr 1994 die systematische Instandsetzung der Borstgrasrasen. Da dieser Lebensraum auch europaweit als gefährdet eingestuft wird, konnten hier Mittel aus LIFE-Projekten eingesetzt werden. Durch die erstpflegende Schlegelmahd konnten Teilbereiche zur Winterfuttergewinnung herangezogen und andere Bereiche wieder als Sommerweide angeboten werden. Damit wurde die ehemals dominierende Rasenschmiele, die die Schafe kaum verwerten konnten, durch die Pflegemaßnahmen in krautreiche Borstgrasrasen zurückgeführt. Weil die Weidetiere erst nach dem Aussamen der Blütenpflanzen auf die Fläche getrieben werden, sind Arnika und Kreuzblümchen wieder häufiger zu finden.

Zum Teil begegnen uns auf dem Weg auch geschlossene Waldbereiche der Fichtenmonokulturen, Relikte aus Zeiten des Reichsarbeits-

Rechts: Von der steinigen Kuppe des Pferdskopf aus blickt man ins sanfte Ulstertal. Im Hintergrund links ist die markante Milseburg zu sehen.

dienstes. Zum Schutz der geplanten Rhönhöfe vor den scharfen Wintern, pflanzte man Windschutzstreifen aus Fichten an. Diese „exotischen“ Arten können jedoch den harten, strengen „Eiszeiten“ der Rhön nicht standhalten. Nachdem im Laufe der Zeit eine Fichte nach der anderen abstirbt, heisst die neue „alte“ Devise: Schaffung von stabilen Laubmischwäldern anstelle von Nadelwäldern. Den Nadelwäldern wird in einigen Bereichen geholfen sich aufzulichten, und diese Bereiche werden dann mit Laubbäumen, überwiegend Buche und Bergahorn, gefüllt.

Auch natürliche Sukzessionen entstehen, da lichte Weichlaubwälder anstelle von Nadelwäldern treten und hiermit Arten wie dem Weidenröschen, Vogelbeere, Öhrchenweide, Disteln, Straußgras, Mädesüß wieder Raum gegeben wird.

Aus ehemaligen reinen Fichtenbeständen sollen auf diese Weise naturnahe, stabile und multifunktionale Laubmischwälder entstehen mit Bergahorn, Buche, Birke, Waldmeister, Buschwindröschen, Lerchensporn und Salweide. Besondere Tierarten werden hierdurch

gefördert wie Buntspecht, Kernbeißer und Wacholderdrossel, Raubwürger, Neuntöter, Baumpieper, Dorngrasmücke und einer Leitart dieses Gebietes, dem Birkwild, wird ein idealer Lebensbereich geboten.

Rote Hautsäcke – und trotzdem attraktiv!

Das Birkhuhn ist nicht nur in Deutschland in seiner Existenz stark bedroht. Diese Raufußhühnerart ist im ganzen mitteleuropäischen Flachland und in den Mittelgebirgen in den letzten Jahren stark zurückgegangen und gehört zu den am stärksten gefährdeten Vogelarten. Das Birkhuhn besiedelt von Natur aus die Kernzonen des Waldes. Da es aber auch als Kulturfolger des Menschen auftritt, kann es in diesem Falle als Anzeiger für eine strukturreiche Kulturlandschaft gelten. Sein Vorkommen ist im besonderen Maße an das Vorhandensein störungsarmer, ausgedehnter, extensiv genutzter Feuchtwiesen, Moore und Brachen mit lockeren und offenen Beständen von Laubgehölzen gebunden. Das Birkhuhn ist ein besonders empfindlicher Anzeiger für den Gefährdungsgrad offener, naturnaher Landschaften, ihm kommt deshalb in der Rhön eine besondere Bedeutung zu. Ziel des hiesigen Birkwildschutzes ist es, den Bestand zu sichern und auszubauen, um in der bayerischen, hessischen und thüringischen Rhön eine überlebensfähige Birkhuhnpopulation aufzubauen.

Es ist wirklich ein Genuss, wenn er einem vergönnt ist, Exemplare dieser raren Gattungen zu Gesicht zu bekommen. Der ca. 1.200 g schwere Birkhahn besitzt ein glänzendes blauschwarzes Gefieder und einen sichelförmigen Schwanz mit weißen Unterfedern. Weiße Flügelbinden und weißer Flügelbugfleck sind charakteristisch. Die Birkhenne ist kleiner als der Hahn, gekennzeichnet durch einen gegabelten Schwanz, weiße Flügelbinden, doch mit schlichtem braunem Gefieder und dunkler Querbänderung. Bei Hahn und Henne fallen rote Hautsäcke (Rosen), die über den Augen angeordnet sind, auf. Diese quellen beim Hahn, durch starke Erregung, während der Balz deutlich hervor.

Das Birkhuhn ist als Raufußhuhn an kalte, schneereiche Winter und nährstoffarme Kost gut angepasst. Es ist tagaktiv, was sich auf Balz, Gefiederpflege und Nahrungssuche in

Links: Im warmen Leuchten der untergehenden Sonne fängt der felsige Gipfel des Pferdskopf die letzten Strahlen.
Nachfolgende Seiten: Wie ein Stern, der sich im Geäst des Baumes am Himmeldunkberg verfangen hat, begrüßt die Morgensonne den fernen Kreuzberg.

den Morgen- und Abendstunden bezieht. Die Ernährung ist ausgesprochen vielseitig und besteht im Winter aus Sämereien aller Art, aus Früchten der Preisel-, Moos-, Rausch- und Heidelbeere, Triebspitzen und Knospen von Birke, Eberesche, Weißdorn und Weiden.

Im Sommer besteht die Nahrung für die erwachsenen Tiere hauptsächlich aus Blütenpflanzen, wogegen Insekten für die Küken das Hauptnahrungsmittel sind. Der Hauptlebensraum des Birkwildes befindet sich im engeren Umfeld der Balzplätze. Sie liegen überwiegend in Biotopen mit kurzer Vegetation und spärlichem Baum- und Strauchbestand und bezeichnen Bereiche, die für Kampfzonen der Hähne um die Gunst der Hennen stehen.

Interessant ist auch die Lebensweise in den strengen Wintermonaten der Rhön. Die Bewegungsaktivität der Hühner wird durch sinkende Temperaturen und steigende Schneehöhe stark reduziert. Bei strengem Frost und ausreichender Schneelage werden Schneehöhlen angelegt, die die Vögel vor Kälte schützen. Um Energie zu sparen, verlassen die Tiere am Morgen ihre Schneehöhlen und fliegen in eine Baumkrone, um Nahrung aufzunehmen. Wenn Magen und Kropf gefüllt sind, lassen sie sich wieder vom Baum fallen, um zu ruhen. Am Spätnachmittag wiederholt sich, auch bei schlechter Witterung, dasselbe Verhalten wie am Morgen.

Zum Schutz dieser Tierart sind unter anderem einige der vielen Wanderwege verlegt worden, um den Bodenbrütern ausreichend

Ruhezonen zu sichern. Bedenkt man, dass die Fluchtdistanz des Birkwildes ca. 300 m beträgt, ist sicher jedem Besucher diese Maßnahme verständlich. Diese Vorgehensweise kommt im Übrigen auch vielen anderen Vogelarten zugute.

Napoleon und die „Schwarzköpferten"

Kommen wir zurück zur Pflege des Lebensraumes Rhön und einer Tierart, die schon das eine und andere Mal erwähnt wurde,

dem Rhönschaf und seiner Rückkehr auf die umgebenden Hochflächen.

Nachweislich geschichtliche Erwähnung fand diese alte Haustierrasse um das Jahr 1800. Während der damaligen Kriegswirren gerieten um Buttlar und Geisa, in der heutigen thüringischen Vorrhön, rund 500 Franzosen in Kriegsgefangenschaft. Der Anführer der Gefangenen, kein Geringerer als Kaiser Napoleon Bonaparte, der des Abends in Buttlar im „Schwarzen Adler" einkehrte, wurde mit einem exzellenten Mahl bewirtet. Der „Rhönhammel" war so gut zubereitet, dass er beschloss, die „Schwarzköpferten" künftig herdenweise zu importieren.

Auch in Paris eroberten die Schafe die Herzen der Gourmets. Ein besonders gelungenes

Links: Wer Glück und Geduld hat, freut sich über diesen Anblick: die Birkhenne, ganz unscheinbar und scheu passt sie sich mit ihrem Federkleid in die Landschaft.
Oben: Nahe der Thüringer Hütte erwacht der Tag. Eine eisige Schicht bedeckt die Natur. Bei genügend hoher Schneedecke wird hier ausgiebig dem Wintersport gefrönt.

Gericht nannte man „Mouton de la reine", was heißt: „Hammelfleisch der Königin". Und weil diese Rasse fast nur noch in der Rhön vorkam und „reine" der „Rhön" so ähnlich klang, bekam diese Rasse in der Mitte des 19. Jahrhunderts den offiziellen Namen „Rhönschaf".

Diese Rasse ist hervorragend geeignet, die nährstoffarmen, krautigen Hochlagen zu pflegen, das dürftige würzige Futter gibt seinem Fleisch einen besonderen Geschmack. Angepasst an das raue Klima, zeichnet sich das Schaf durch eine sehr wasserabweisende Wolle aus, die u. a. gut für Soldatenröcke Verwendung fand.

Doch das Rhönschaf hat im Gegensatz zum damals in die Mode kommenden Merino-Landschaf einen „Nachteil": Während das Rhönschaf ca. 30 % weniger Fleisch liefert und über den Winter gefüttert werden muss, um schlachtreif zu werden, kann das Merino schon nach ca. 9 Monaten sein Schlachtgewicht erreichen. Damit konnte das Tier immer weniger verkauft werden, und der Bestand der Rhönschafe ging von einstmals fast 200.000 Tieren auf bundesweit ca. 300 Schafe zurück. In den 80er Jahren formierten sich mehrere Initiativen, um das Aussterben der Rasse zu verhindern. Eine davon war die Weidegemeinschaft des Bundes Naturschutz,

die zusammen mit einem Rhönbauern wieder eine Herde mit Mutterschafen in der Rhön stationierte. Von den bundesweit rund 10.000 Tieren weiden heute in der Rhön fast 3.000 Stück, gezählt ohne Lämmer.

Anders als die Herden der Merinoschafe, die über den Winter ins Maintal transportiert werden, bleiben die Rhönschafe in den an die Orte grenzenden Hanglagen und finden den Winter über Unterschlupf in großen Schafställen.

Durchgesetzt hat sich das Rhönschaf wieder durch den besonderen Geschmack seines Fleisches. Es fehlt ihm, aufgrund würziger magerer Krautkost, der oft unangenehme Hammelgeruch, der anderen Schafarten eigen ist. Es hat eine feste Konsistenz, kräftigen Geschmack, und ist, weil mager und cholesterinarm, ein besonderes Schmankerl für eine gesunde Ernährung.

Um für die Landwirte, die sich für den Erhalt dieser Rasse einsetzen, eine wirtschaftliche Zukunft zu sichern, ist die Vermarktung der Produkte aus dem Rhönschaf äußerst wichtig. In der Rhön wird in vielen Gastronomiebetrieben diese Spezialität angeboten und in den Bauernläden ist der Schafskäse und die Lammsalami nicht mehr wegzudenken.

Die Wege des Weideviehs säumen urige, bizarre Zeitzeugen der Geschichte, knorrige alte Hutebuchen. Früher spendeten ihre Kronen den Tieren Schatten vor der heißen Sonne, heute haben sie Mühe, ein grünes Blattkleid zu bekommen.

Der Name „Hutebuche“ stammt von Hutung oder hüten, abgeleitet von Hüteland. Seit über 200 Jahren stehen noch einige von ihnen auf der Hochlage der Hohen Rhön, man sieht ihnen ihr hartes Dasein an. Sie wur-

Links: Die Merinoschafherde macht kurze Rast auf ihrem Weg über das Hochplateau der Langen Rhön.
Oben: Das Rhönschaf ist mit seinem markanten schwarzen Kopf leicht zu bestimmen. Es entwickelte sich in den letzten Jahren zu einem regelrechten Wahrzeichen für die Rhön.

den als Jungbäumchen von Pferden, Ochsen, Schafen und Ziegen arg verbissen und haben so manche Narbe und Verwachsung davon zurückbehalten.

Sie kämpfen jedes Jahr, Winter um Winter, mit der schweren Schnee- und Eislast. Interessante und sehr beliebte Fotoobjekte sind ihre kuriosen Silhouetten, vor allem, wenn abgebrochene, am Boden liegende Äste wieder neues Leben bekommen und, als wäre es ein letzter Aufschrei, weiter Blätter wachsen.

Wiege der Segelfliegerei: die Wasserkuppe

Gerade in der Höhe des fast 900 m hohen Stirnberges angekommen, auf dem Grenzgang zwischen Hessen und Bayern, als wäre es nur ein Steinwurf weit entfernt, winkt vom Norden der über 800 m hohe Schafstein und ganz markant dahinter, blickt man in die Wasserkuppenrhön.

Allen bekannt und leicht zu bestimmen, zeigt sich die 950 m hohe Wasserkuppe mit ihrer kugelförmigen Radarstation, einem Überbleibsel militärischer Nutzung. Die Wasserkuppe gilt als Geburtsstätte der Segelfliegerei in Deutschland. Erste Flugversuche wurden im Jahr 1911 von Studenten der technischen Hochschule aus Darmstadt unternommen.

Aber nicht nur Anhängern der Segelfliegerei ist der Berg ein Begriff. Seit einigen Jahrzehnten sind Teilbereiche der Wasserkuppe zum einen gerne von Drachen- und Gleitschirmfliegern genutzt, zum anderen begeis-

Oben: Keine einfache Aufgabe, im Winter den Gipfel des Kreuzberges zu bezwingen. Doch bei knackiger Kälte diesen Ausblick zu genießen, lohnt die Mühe.
Rechts: Hier ist es offensichtlich „woher der Wind weht". Scharf und kalt bläst er Schnee und Eis über die Hochfläche der Langen Rhön.

tern akrobatische Flugkünste der Modellflieger anwesende Gäste. Gut 1 Mio. Tagestouristen werden pro Jahr hier gezählt, damit stellt der Berg eine der größten Touristenattraktionen Hessens dar.

Zu den vorhandenen interessanten Einrichtungen ist ein deutsches Segelflugmuseum zu rechnen. Viele Souvenirläden bieten ihre Schätze an, eine Sommerrodelbahn ist für Familien mit Kindern das absolute Muss, und wer sich zum Thema Biosphärenreservat erkundigen möchte, wandert ins ehemalige Kasernengelände, in dem die hessische Verwaltungsstelle und der Verein Natur und Lebensraum Rhön untergebracht sind. Informationstafeln, wechselnde Themenausstellungen und ein Regionalladen geben Auskunft über Land und Leute.

In diesem ehemaligen Kasernengelände hat sich auch die Organisation DJE (ehemals DJO, Deutsche Jugend des Ostens) eingerichtet, ein gemeinnütziger Verein, der seinen Schwerpunkt auf europäischen Jugendaustausch in Form von Studienfahrten und Freizeiten gelegt hat. Die DJE unterhält noch andere Jugendhäuser und hat außerdem auf der Wasserkuppe noch einen großen Jugendzeltplatz, bekannt als Camp ERNA.

Erst im Jahr 2002 eingeweiht, unübersehbar gleich an der Durchfahrtsstraße gelegen, steht das „Rhön-Service-Center" der Tourismusgemeinschaft Rhön.

Ein Rundweg um den Berg, vorbei am Denkmal der Segelfliegerei, dem steinernen Adler, verschafft uns einen Blick zurück in die Lange Rhön.

Blockmeere auf dem Schafstein

Ein Zwischenstopp auf dem Schafstein, der Berg ist als Naturschutzgebiet ausgewiesen und gehört naturräumlich noch zur Wasserkuppenrhön, bietet eindrucksvolle Rundblicke über die pittoreske Landschaft.

Wer über die genehmigten Pfade auf den Schafstein wandert, hat vor sich einen weiteren Naturschatz der Rhön. Eine riesige Blockschutthalde kündet hier von geologischen Abläufen Tausende von Jahren vor un-

serer Zeit. Hier liegen Reste einst großer, zusammenhängender Basaltdecken, die zerbrochen sind, als unter ihnen liegende, weichere Gesteine verwitterten und ausgewaschen wurden. Der nackte Fels der Blockschutthalden wird von verschiedenen Moosen und Flechten, stellenweise auch von Farn und Bärlapp besiedelt.

Wo die „Blockmeere" nicht so hoch sind und abgestorbene Pflanzenbestandteile eine Humusdecke gebildet haben, sind über die Zeiten Blockschuttwälder entstanden. Diese Wälder sind landwirtschaftlich nicht nutzbar und kaum zu bewirtschaften, und waren deshalb vor Beweidung und Rodung geschützt.

Ein Heiliger baut flinker als der Teufel

Auf den blocküberlagerten Berghängen finden wir die urwüchsigsten Wälder der Rhön in ihrer ganzen Natürlichkeit. Zwar werden Sie hier Buchen oft vergeblich suchen, doch Berg- und Spitzahorn, Sommer- und Winterlinde, Ulme, Vogelkirsche und Esche finden auch in diesem humusarmen Boden ausreichend Nährstoffe.

Über den Stirnberg zurück, auf der bayerischen Seite der Langen Rhön, am 737 m hohen Gangolfsberg, sehen die Relikte des Basaltes ganz anders aus. Hier ist er zu Prismen-

säulen erstarrt, die besonders augenfälligen, meist 5- bis 6-kantigen Säulenquerschnitte entstanden beim Erkalten der Lava.

Um die markanten Zeugen des Vulkanismus zu sehen, begibt man sich auf einen ca. zweistündigen Spaziergang durch das 1952 ausgewiesene Naturschutzgebiet Gangolfsberg. Man durchwandert einen Buchenmischwald, reich an Eichen und Edellaubgehölzen, von dem ca. 75 ha seit 1978 als Naturwaldreservat ausgewiesen sind. In diesem Naturwaldreservat findet keine forstliche Nutzung statt. Hier bleibt die Natur sich völlig selbst überlassen. Gleichzeitig gehört dieser Bereich zu den Kernzonen des Biosphärenreservats.

Und selbstverständlich hat so ein markanter Ort eine Geschichte. Sie erzählt vom hl. Gangolf und dem Teufel: Als der hl. Gangolf seines Wanderlebens müde war, kam er auf den Berg, der später seinen Namen tragen sollte, um auf dessen Gipfel ein Kloster zu errichten. Zuerst schaffte er frischen Born aus Fulda

Oben: Über Zinnen aus Phonolith schaut man vom Pferdskopf aus in die Sommerlandschaft Hessens. Saftige grüne Wiesen ernähren das Weidevieh und die Wanderschafherden.
Nachfolgende Seiten: Von weitem schon reckt sich der Aussichtsturm der Rother Kuppe in den Himmel. Hier taucht die Dämmerung das beliebte Ausflugsziel in ein warmes Licht.

auf den Berg. Dann begann er sein Werk, die Engel halfen ihm dabei. Das gefiel dem Teufel aber gar nicht, und er begann auf dem gegenüberliegenden Gipfel ebenfalls ein mächtiges Haus, für sich und sein Gesinde, zu bauen. Der Teufel und der hl. Gangolf wetteiferten miteinander, wer wohl zuerst sein Werk vollenden werde. Eines Tages fuhr der Teufel mit seinem mächtigen Schlussstein durch die Luft und wollte sich gerade über seinen Sieg freuen, als er aus dem Kloster des hl. Gangolf silbernen Glockenklang, Orgelrauschen und frommen Gesang vernahm. Der Teufel wusste sofort, er hatte verloren und geriet darüber so in Wut, dass er den gewaltigen Schlussstein durch die Luft schleuderte und alles, was er erbaut hatte, wieder zerstörte. Die Trümmer, die daraus entstanden, sollen das heutige Steinerne Haus darstellen.

Wenn man den Teufel sein Eigenheim bauen lässt ...

Die kurze Distanz zwischen Basaltsee und dem ehemaligen Basaltabbaugebiet am Steinernen Haus hat man schnell hinter sich gelassen. Der See, der durch den Abbau des Basaltes entstand, wird heute vom Oberelsbacher Angelverein und von Gästen als Badesee genutzt. Es ist beliebtes Wanderziel, und eine kleine Imbissstation bietet dort immer frische Getränke und im Winter heiße Mahlzeiten an.

Hier wird eine andere Geschichte um das Steinerne Haus erzählt: Vor langer Zeit lebte in Oberelsbach ein junger Mann, der liebte ein schönes Mädchen. Doch beide hatten keine Hoffnung jemals zusammenzukommen, denn sie waren arm und hatten „nichts zu Felde und nichts zu Dorfe", also keinen Grundbesitz und kein Haus. Einmal arbeitete der Bursche auf der Hohen Rhön und dachte wie immer an sein Schicksal. Da murmelte er so vor sich hin: „Da baue der Teufel ein Haus". Kaum hatte er es ausgesprochen, stand der Höllenfürst auch schon vor ihm und fragte nach seinem Begehr. „Reich will ich sein und ein großes Steinernes Haus möchte ich besitzen", forderte der junge Mann. Der Teufel versprach, alles über Nacht beizuschaffen. Aber eine Bedingung stellte er: „In dem Haus dürft ihr nicht beten und nie den Namen Gottes nennen! Fluchen dagegen könnt ihr nach Herzenslust." Der Bursche, in seiner Not, schlug in den Handel ein und versprach alles. Schon am nächsten Tag stand oben auf der Rhön, dort wo die Vereinbarung getroffen ward, ein herrliches Steinernes Haus mit allem, was dazu gehörte. Nun konnte das junge Paar heiraten, und gleich am Hochzeitstag zogen sie in das große Haus. Die junge Frau öffnete alle Schränke und Truhen und bewunderte die herrlichen Rhöner Trachten, die darin hingen. Doch einen Taler, mit dem Bild der Gottesmutter darauf, vermisste sie. Dabei kam ihr

der Gedanke, wie dankbar sie Gott sein musste, dass ihnen ein so schönes Haus geschenkt wurde und sie forderte ihren Gatten auf, niederzuknien und zu beten. Der Bräutigam dachte nicht mehr an das Versprechen, das er dem Teufel gab und tat wie ihm geheißen. Als sie niederknieten und das Kreuzzeichen schlugen, durchzuckte ein schrecklicher Blitz das Haus, aus dem Boden schlugen Flammen hoch und ein fürchterlicher Schwefelqualm kroch in alle Winkel. Unter Donnern und Krachen stürzte das prächtige Bauwerk ein, bis nichts mehr zu sehen war als eine Säulenwand, das Steinerne Haus.

Der Heidelstein – Treffpunkt der Rhönklubs

Vom Basaltsee führt ein herrlicher Weg über den Maihügel zum 926 m hohen Heidelstein, durch wunderschön blühende Mähwiesen in den jahreszeitlich variierenden Farben. Findet man als erstes im Frühjahr flächig verteilte weiß blühende Buschwindröschen, ein

Oben: Leuchtender Bodennebel durchzieht die Heckengürtel und Bäume auf der Langen Rhön, er zeichnet angenehme Wärme in den Blick.

Zeichen der früheren Bewaldung, so prägen dann in den Feuchtwiesenbereichen die knallgelben, unter Schutz stehenden Trollblumen das Bild. In den trockeneren Goldhaferwiesen sammeln sich Schlangenknöterich, Hahnenfuß, Flockenblume, Witwenblume und Storchenschnabel zu einem bunten Bild. Am Heidelstein ergänzen Arnikablüten den bunten Teppich, fast flächig blühend, dazwischen Tupfen der Orchideenart Geflecktes Knabenkraut oder die Türkenbundlilie.

Scheut jemand diese ausgedehnte Wanderung, ist gleich unterhalb des Heidelsteins, an der Schornhecke, ein Rastplatz mit Parkplatz ausgewiesen. Von dort, auf einem breiten, befestigten Weg, läuft man bequem zum Sender auf den Heidelstein hinauf.

Sicher, am häufigsten genutzt wird der Weg am ersten Sonntag des Septembers. Denn dann feiert der Rhönklub, ein überregional bekannter Wanderverein, mit vielen engagierten Ortsgruppen, seine Gedenkfeier. Ein Ehrenmal auf dem Heidelstein erinnert an die Toten, Gefallenen und Vermissten dieses Klubs.

Die ehrenamtliche Arbeit des Rhönklubs wird hier überall in der Region gewürdigt, werden doch gut 5.000 km Wanderwege von seinen Mitgliedern gepflegt und regelmäßig neu markiert.

Früher feierten die Ortsgruppen zusammen mit den Wandergästen nach der Gedenkfeier unterhalb des Heidelsteins ein großes Fest. Dies ist aus Rücksicht auf den Erhalt der Natur- und Kulturlandschaft, in den Ort der Berggemarkung verlegt worden, in den Marktflecken Oberelsbach. Mit seinen Ortsteilen Weisbach, Ginolfs, Sondernau und Unterelsbach ist der Markt Oberelsbach vor allem durch den Standort des Info-Zentrums „Haus der Langen Rhön“ und durch sein Managementzentrum, das die bayerische Biosphärenreservatsverwaltung sowie den Verein Naturpark und das Bio-

sphärenreservat bayerische Rhön beherbergt, bekannt geworden.

Schon in den 80er Jahren informierte das Naturschutzzentrum Lange Rhön, initiiert von der Wildbiologischen Gesellschaft, über die Notwendigkeiten des Natur- und Umweltschutzes in der Hohen Rhön. Damals wurde der erste Naturschutzwart angestellt, der das ausgesprochene Wegegebot und Parkverstöße kontrollierte. Finanziert wurde dies zum Teil von der Gesellschaft und der Stiftung Europäisches Naturerbe zum Schutz und Erhalt der Birkwildpopulation.

Auch waren Angestellte zuständig, die das von Thüringen angestrebte Biosphärenreservat mit auf den Weg brachten, und hier wurde 1995 das Rahmenkonzept für das Biosphärenreservat der UNESCO der Öffentlichkeit vorgestellt.

Von blauem Dunst und wohlgesetzten Noten

In diesem ländlichen Bereich kommt aber auch die Kultur nicht zu kurz. Weit über die Region hinaus bekannt ist der Kantate-Heiratsmarkt, der jedes Jahr am 4. Sonntag nach Ostern abgehalten wird. Des Weiteren fand im Jahr 2004 schon das 22. Oktoberfest in Weisbach statt. Jedes Jahr am letzten Septemberwochenende gibt es 4 Tage lang ein quirliges Festtreiben.

Sicher ist jedem Besucher schon einmal der berühmte Sohn von Oberelsbach, die Rede ist vom Barockkomponisten Valentin Rathgeber, zu Ohren gekommen.

Er wurde neben der „Rhönbasilika", der St.-Kilian-Kirche, im ehemaligen Schulhaus geboren. Dieses Geburtshaus wurde aufwändig restauriert und ist das 1. Deutsche Tabakpfeifenmuseum. Neben einem Gedenkraum für den komponierenden Pater, sind zahlreiche Gegenstände der Rauchkultur und deren Geschichte zu bestaunen.

Vom Tal gelangt man wieder hinauf zur Langen Rhön, zum 849 m hohen Münzkopf. Die Erkundungsreise geht über den Rücken des Hochplateaus, von wo man weit über den Dammersfeldrücken und linker Hand hinunter nach Bischofsheim schaut, und weiter zu den Schwarzen Bergen der Hohen Rhön.

Vor dem Abstieg lohnt sich zur Stärkung ein Besuch des Jagdschlosses Holzberghof, ein rustikaler imposanter Bau, und man kann zusätzlich einen Abstecher in den begehbaren Braunkohlestollen am Bauersberg wagen. Daneben liegt ein naturkundlicher Wanderpfad, ca. 10 km lang, der mit Hinweistafeln über Flora und Fauna informiert.

Links: Wie hier am Eisgraben bei Hausen mag es im Mittelalter ausgesehen haben. Bemoostes Basaltgeröll bedeckt den Waldboden und nimmt die Strahlen der durchbrechenden Sonne aus.
Oben: Das Dammersfeld sieht dem Frühling entgegen. Der knorrige Baum freut sich darauf, endlich seine eisige Last abwerfen zu können.

Urige Wälder zwischen bunten, abwechslungsreichen Bergwiesen

Unweit des Kreuzberges, entlang der oberen Sinn lagert breit der Kamm der Schwarzen Berge. Einen Kontrastpunkt dazu liefern die markanten Silhouetten der Basaltkegel des Vorlandes.

Beter, Biertrinker und Biker lockt der Kreuzberg

Bischofsheim an der Rhön liegt idyllisch im Brendtal, beherbergt die älteste Holzschnitzschule Deutschlands und pflegt eine lange Tradition rund um die Kunst des Holzschnitzens.

Die Stadt zu Füßen des heiligen Bergs der Franken, des Kreuzbergs, weist überraschend auch eine russisch-orthodoxe Kirche auf, macht besonders durch jährlich stattfindende Fesselballon-Festivals auf sich aufmerksam, und zusätzlich kann man auf den stattfindenden MISSIO-Camps schöne Feste feiern.

Gleich ob man in Haselbach, Sandberg oder Oberweißenbrunn seinen Aufstieg auf den 928 m hohen Kreuzberg beginnt, belohnt wird man mit einer der schönsten Bergrouten der gesamten Rhön. Unweit des Gipfels steht die Franziskanerkirche; noch heute le-

ben hier im Kloster einige Franziskanermönche.

Bis zu 80 Fußwallfahrten führen jährlich hinauf zum heiligen Berg. Herausgehoben sei die der Würzburger Kreuzbruderschaft, die seit dem 16. Jh. an diesem Brauch festhält. Doch es zieht auch viele Nicht-Wallfahrer auf den Kreuzberg. Gerne wird das würzige Kreuzbergbier getrunken, das die Mönche nach einem geheimen Rezept brauen, heute mit „weltlicher" Hilfe, und sie verstehen es optimal, das Gebräu gut zu vermarkten. Selbstverständlich gibt's den dunklen Gerstensaft auch zum Mitnehmen.

„Leben durch Sterben"

Schwarze Berge heißt das 1993 ausgewiesene, größte außeralpine Naturschutzgebiet Bayerns. Integriert wurde unter anderem das bereits bestehende Naturwaldreservat vom Lösershag. Am Nordostrand der Schwarzen Berge liegt dieser 765 m hohe Basaltkegel, er ist zu ca. 85 % bewaldet. In einem gut zweistündigen Rundgang über den Lehrpfad kann man seine Besonderheiten kennen lernen.

Man wandert auf diesem Weg durch einen seit Generationen sich selbst überlassenen Wald, der sich inzwischen zu einem Urwald entwickelt hat. Seit einem halben Jahrhundert wurde dieser Wald vom Menschen nicht

Vorherige Seiten: Noch ist das Tal um Wildflecken im Nebel versteckt. Auf den Bergen jedoch kann man schon die klare Sicht genießen.
Links: Vor uns liegt das Blockmeer am Bauersberg, oberhalb von Bischofsheim. In der Ferne treffen sich Lange Rhön und Schwarze Berge.
Unten: Eine Vermählung weit vor unserer Zeit. Zwei Buchen schlossen eine „Baumehe" am Pfeust bei Fladungen, für uns tragen sie ein leuchtendes Herbstkleid.
Nachfolgende Seiten: Ein Herbstbesuch auf dem Kreuzberg hat sich gelohnt. Vor uns liegt ein leuchtendes Nebelmeer, versunken sind Täler und weniger hohe Berge.

mehr genutzt, regiert hier, fernab jeglicher ökonomischer Interessen, ausschließlich das natürliche Prinzip des Werdens und Vergehens. Skurrile Baumformen sowie allerorts umgestürzte und mikadoartig übereinander liegende Bäume sind Zeugen seiner Naturbelassenheit. Die Bäume werden von Heerscharen von Käfern, Pilzen und Kleinstlebewesen allmählich zersetzt. Es sterben aber nicht nur alte Bäume, deren Uhr abgelaufen ist, auch junge Bäume unterliegen dem ständigen Konkurrenzkampf um Licht, Wasser und Nährstoffe, werden von Pilzen und Insekten befallen, aufgezehrt oder von Stürmen entwurzelt. In den entstehenden Lücken fällt Licht auf den Boden, junge Bäume keimen wieder und wachsen in die Höhe. Neues Leben entsteht. So erneuert sich der

Wald auch ohne menschliches Zutun in einem stetigen rhythmischen Wandel.
Der Lösershag stellt eine der bedeutendsten Kernzonen des Biosphärenreservats dar, und man findet dort in Gipfelbereich und Oberhang auf blocküberlagerten Böden einen klassischen Blockschuttwald mit den Baumformenarten Esche, Bergulme, Sommerlinde, Berg- und Spitzahorn.

Buche, Ulme, Ahorn und das keltische „Baumkreishoroskop"

Ein Großteil dieser Bäume ist 160 bis 200 Jahre alt, und es lohnt sich vor dieser Kulisse, einige Leitbäume der Rhön näher zu betrachten. Als „Mutter des Waldes" steht die Rotbuche da. Sie ist infolge ihrer hohen Schattenverträglichkeit und ihres starken Kronenausbaus die konkurrenzfähigste Baumart unserer Wälder. Lediglich an zu trockenen, zu nassen oder zu felsigen Standorten ist sie nicht vorhanden.

Auch im Lösershag bestimmt die Buche, außer im blockschuttüberlagerten Gipfelbereich, weitgehend das Waldbild. Sie erreicht Höhen von 30 bis 40 m. Kennzeichnend für die Buche ist ihre dünne, glatte, kaum verborkende Rinde. Auffallend sind auch die

Links: Mächtig, knorrig und uralt: Dieser Baum hat seinen Standort verteidigt. Man möchte sich an ihn lehnen und Geschichten lauschen, die der Wind durch seine Blätter wispert.
Oben: Ein scheuer kleiner Waldbewohner, der sich lustig von Ast zu Ast schwingt. Viel Freude bringt das Beobachten der flinken Eichhörnchen, deren Fell oft rotbraun, seltener auch fast schwarz sein kann.

glänzend rotbraunen, dreikantigen Früchte, die so genannten Bucheckern, die bis zur Reife in einer stacheligen Hülle verborgen bleiben, und aus denen früher Öl gewonnen wurde.

Da Buchenholz früher für die Lettern im Buchdruck verwendet wurde, könnte das Wort „Buchstabe“ durchaus vom Buchen-Baum abgeleitet sein.

Die Kelten bestimmten in ihrem Baumkreishoroskop den 22. Dezember zum Tag der Buche (Königin der Buchengewächse).

Drei Ulmenarten sind bei uns heimisch: Feldulme, Flatterulme und Bergulme, wobei letztere am verbreitetsten ist und auch im Lösershag das Waldbild mitbestimmt. Sie stellt hohe Ansprüche an die Nährstoff- und Wasserversorgung des Standortes und fühlt sich in 500 bis 800 m Höhenlage am wohlsten. Seit über 50 Jahren sind alle heimischen Ulmenarten leider vom so genannten „Ulmensterben“ in ihrem Bestand bedroht. Dabei handelt es sich um eine Pilzerkrankung, die die Leitungsgefäße des Baumes verstopft und die Ulme in kurzer Zeit zum Absterben bringt. Der Pilz selbst wird vom Ulmensplintkäfer, der sich in die Rinde und die äußeren Jahresringe einbohrt, übertragen. Auch im Lösershag sind in den letzten

Unten: Kleine Schwämmchen wachsen auf moosigen feuchten Felswänden, Waldböden und Baumrinden. Ihre Schirme leuchten aus dem Grün des Waldes.
Rechts: Beim Wandern über den Naturwaldlehrpfad am Lösershag trifft man auf unberührten Urwald. Zurückversetzt in alte Zeit, genießt man hier Ruhe und Stille.

Jahren nahezu alle Ulmen tödlich erkrankt. Es bleibt nur zu hoffen, dass zumindest einzelne Altbäume von der Erkrankung verschont bleiben und Saatgut für neue Ulmengenerationen ausbreiten können.

Vom 15.–25. Juli und vom 12.–24. Januar werden die Ulmen (der Baum guter Gesinnung) im keltischen Baumkreis gefeiert.

Interessant ist auch der Berg- oder Spitzahorn, der den Lebensraum Wald im Lösershag mitprägt. Er benötigt, wie auch die Ulme, gute, an Wasser und Nährstoffen reiche Böden. Typisch für alle Bergahornbäume ist die braun gefärbte Rinde, die in flachen Schuppen abfällt. Noch bekannter aber dürften die geflügelten Ahornsamen sein, die im Volksmund oftmals als „Nasenzwicker" oder „Propeller"

bezeichnet werden. Alte Ahornstämme sind durch ihre oft markante Stammform und ihre leuchtend gelbe Laubfärbung im Herbst auffallende Landschaftselemente.

Bei den Kelten als streitbarer Engel und Engelsköpfchenbaum steht er im Horoskop für die Tage zwischen dem 11.–20. April und dem 14.–23. Oktober.

Oben: Über den farbenfrohen Herbst, der in die Schwarzen Berge gezogen ist, winkt uns der Dreistelz herüber. Leuchtende Hagebuttenhecken säumen den Spaziergang durch die Landschaft.

Nachfolgende Seiten: Stark trotzt die Hutbuche auf dem Himmeldunkberg dem Unbill der Jahreszeiten. Aus dem Nebelfeld ragen Kreuzberg und Arnsberg heraus.

Baumhöhlen – ein Wohnungsmarkt mit großer Nachfrage.

Bleiben wir bei den Bäumen im Lösershag, die auch eine wichtige Bedeutung als natürliche Wohnräume einiger Waldtiere haben.

Höhlen in Bäumen können sowohl durch Pilze entstehen als auch von Spechten gezimmert werden. Höhlenbäume dienen vielen Tierarten wie Hohltaube, Kleiber, Baumläufer, Eulen und Eichhörnchen als Brutplätze. Auch als Tagesverstecke für Siebenschläfer und Waschbär sind sie äußerst wertvoll, und für Fledermäuse bieten sie ein wichtiges Winterquartier. Zahlreiche Kleinsäuger legen in den Höhlen Nahrungsdepots an, und Vögel suchen im Winter bei starker Kälte auch tagsüber Schutz in Baumhöhlen. In ständigem Wechsel werden sie von der Tierwelt genutzt. So kommt z. B. nach dem Schwarzspecht, wenn er seine selbst gezimmerte Höhle verlässt, nach zunehmendem Ausfaulen und Eindringen von Wasser, oft die Hohltaube. Entstehen dann durch die Fäulnis Klüfte und Spalten, finden Fledermäuse wiederum günstige Bedingungen vor.

Links: Das Dammersfeld erwartet den Wintereinbruch. Nachtfrost und Raureif geben eine Ouvertüre des Winters.
Unten: Schwer beladene Bäume: eine dicke Schneedecke überzieht die Landschaft. Hier zeigt sich das Wintergesicht der Hohen Rhön.
Nachfolgende Seiten: Noch bis in den Mai hinein sind die Mulden auf den Bergen mit Schneeresten gefüllt, auch am Rockenstein und dem gegenüberliegenden Himmeldunkberg.

Das Naturwaldreservat Lösershag ist besonders reich an Höhlenbäumen. Für viele Vogelarten, die zu den Höhlenbrütern zählen (Spechtarten, Hohltauben, Raufußkauz, Eulen, Kleiber und Baumläufer), sind deshalb Urwälder wie der Lösershag äußerst wichtig.

Vielleicht bekommen Sie den Eindruck von „Unordnung“, wenn Sie dem Lehrpfad fast zu Ende folgen. Doch auch die natürlich abgestorbenen, liegenden Bäume, so genanntes „Totholz“, bilden einen Lebensraum für viele Tier- und Pflanzenarten. So sind von den rund 5.700 in unseren Wäldern vorkommenden Käferarten ca. 1.400 in ihrer Entwicklung auf abgestorbene Holzteile, bis hin zum vollständig vermoderten Holz angewiesen.

Doch auch der Mensch benötigt bei seinen Erkundungen im Naturwaldreservat immer wieder mal einen Rastplatz, den er in bequem angesiedelten Rhönklub-Berghütten findet. So z. B. auf unserer Wanderung das Würzburger Haus, die Kissinger Hütte und das Berghaus Rhön.

Weitere Informationen erhält man im Info-Zentrum „Haus der Schwarzen Berge“. Das Haus wurde als Informationszentrum für das Biosphärenreservat Rhön gebaut und fand schon vor dem Haus der Langen Rhön in Oberelsbach seine Bestimmung. Auch dieses Informationszentrum dient dem Biosphärenreservat als Plattform für Öffentlichkeitsarbeit und Umweltbildung. Beide Häuser in der bayerischen Rhön unterstehen der Zuständigkeit des Vereins Naturpark und Biosphärenreservat Bayerische Rhön. Unter ihren Dächern wird die Vielfalt der natur- und kulturräumlichen Besonderheit mit dem Motto „Mensch und Natur“ sowie die gesamte Rhön als Region der Zukunft vorgestellt.

In Oberbach werden zudem im Regionalladen und der Cafeteria Rhöner Spezialitäten angeboten.

Die Touristinformation Rhön ist vom Landratsamt in Bad Kissingen in das Haus der Schwarzen Berge gezogen, regelt Zimmerreservierungen und erstellt individuelle Programme wie Berghüttenwanderungen, Wandern ohne Gepäck usw. Auch für Veranstaltungen und Seminare stehen teilbare Räume zur Verfügung, die über modernste Kommunikationsmedien verfügen.

Nach einer weiteren Wanderung zur 737 m hohen Platzer Kuppe, ebenfalls mit einem Naturwaldreservat, verabschieden wir uns von diesem faszinierenden Herzstückl der Hohen Rhön. Ganz egal, zu welcher Jahreszeit Sie die Möglichkeit haben hierher zu kommen, es ist mit Sicherheit ein Erlebnis. Ein unvergesslicher Besuch mit nachhaltigem Eindruck.

Rechts: Eine noch reich beblätterte Hutbuche, die in der Hohen Rhön am Schafstein, neben steinigen Gesellen, in die Landschaft blickt.

Zwischen Hoher Rhön und Fränkischer Saale zeigt die Rhön ihr sanftes Gesicht

Die Täler der Sinn, Schondra und Brend bieten viel intakte Natur. Ihre Landschaften zählen zu den harmonischten Szenarien, die die Rhön zu bieten hat.

Der Waschbär – ein ungebetener Gast

Wenn man die Hohe Rhön mit Langer Rhön und Schwarzen Bergen in südlicher Richtung verlässt, kommt man in die Ausläufer des Mittelgebirges, deren Klima deutlich milder ist.

Ist die Hohe Rhön mit einer Jahresmitteltemperatur von 4–7 °C eine richtige Kälteinsel, so kommen wir im Vorland im Jahresdurchschnitt auf immerhin 7–8 °C.

Wo oben eine kurze sommerliche Vegetationsperiode von ca. 190 Tagen das Pflanzenwachstum erheblich einschränkt, bieten die Ausläufer der Hohen Rhön doch mit ca. 230 Tagen Vegetationswachstum angenehmere Voraussetzungen für Flora und Fauna.

Die Südrhön beginnt im Westen bei Zeitlofs, Obersinn und Burgsinn und zieht sich süd-

Vorherige Seiten: *Einen winterlichen, harmonischen Gruß bekommen wir von der fränkischen Saale, deren Rand schon eisig ist.*
Davor: *Man wünschte sich oft, wie hier, diese Weite, Einsamkeit und Stille genießen zu können. Schafe machen Station am steinigen Pferdskopf, nahe der Wasserkuppe.*
Links: *Die Blätter der Bäume im Salzforst sind schon fast abgefallen. Noch leuchten vereinzelt durch die Nebelschwaden die Farben des Herbstes.*
Unten: *Ein stolzer Auerhahn zeigt sein kraftvolles Gefieder. Er bläht sich auf, als wolle er uns eine Warnung schicken, nicht näher zu treten.*

lich und südöstlich der Hochrhön bis Oberelsbach, um dort ins Grabfeld überzugehen. Bad Neustadt und Bad Kissingen liegen am Rande des Naturraums Südrhön. Salzforst und Saaletal werden der südlichen Vorrhön zugeordnet.

Einige Sorgen bereitet den Naturfreunden dieser Gegend der hier heimisch gewordene, sich stark vermehrende amerikanische Waschbär, der für die Bodenbrüter eine ernsthafte Gefahr darstellt. Unlängst fotografierte man im Salzforst den ersten Marderhund. Wie der Waschbär, wurde er zur Pelzgewinnung in Europa eingebürgert, mit unabsehbaren Folgen für die heimische Fauna.

Freuen dürfen wir uns hier aber uneingeschränkt über Wildkatze, Schwarzstorch, Uhu, Wanderfalke, Haselhuhn, sämtliche Spechtarten, Steinkauz und das Auerhuhn.

Das Auerhuhn fühlt sich in den unter- und altholzreichen Waldgebieten in mittlerer Gebirgslage sichtlich wohl. Diese Art lebt im Sommer stärker auf dem Waldboden, im Winter dagegen im Wipfelbereich und fällt durch ihren laut polternden Abflug auf. Der „Urhahn" ist, nach alter Jägerüberlieferung, so liebestoll, dass er bei der Balz taub und blind ist. Das Federkleid des etwa truthahngroßen Hahns ist dunkel, nussbraun, das der Henne überwiegend in Brauntönen gesprenkelt.

In der Größe des Haushuhnes wirkt das hellbraune Haselhuhn eher unscheinbar. Es lebt in den lichten Mischwäldern im Unterholz und zwischen Beerensträuchern. Die Art hat eine sehr hohe, feine Stimme, die eher an einen Singvogel erinnert.

Beim Durchstreifen der Wälder hört man das emsige Hämmern der Spechte. Der Schwarzspecht lebt gerne hier in den größeren Waldgebieten mit Altholzinseln. Der meist recht scheue Vogel fällt vor allem im Frühling durch sein lautes Trommeln auf. Die Trommelwirbel bestehen aus 10–15 Schlägen je Sekunde. Indem der Schwarzspecht immer wieder zu Beginn der Brutzeit einzelne Höhlen zimmert, schafft er ein Nistplatzangebot auch für andere größere Höhlenbrüter, z. B. Dohlen, Hohltauben und Raufußkäuze.

Lustig anzusehen sind, wenn man auch selten in den Genuss kommt, die kleinen, rundlich wirkenden Steinkäuze. Sie werden nicht ganz so groß wie Tauben und haben ein geflecktes Rückengefieder. Stark in ihrem Bestand bedroht, kommen sie in Obstbaumanlagen an Dorfrändern und im mit Kopfbäumen durchsetzten Grünland vor. Alte Weiden und Obstbaumhöhlen sind mit Abstand die begehrtesten Brutplätze dieser Art, die unter Wiesenumbruch und Intensivierung der Landwirtschaft besonders leiden.

Gerade inmitten romantischer Täler wie die des Keller- und Dürrbaches an der Südseite des Kreuzberges, an ausgedehnten Wäldern, unterbrochen von tief eingeschnittenen Wiesentälern, können die Bewohner und Gäste der „Walddörfer" Sandberg, Waldberg, Langenleiten und Kilianshof diese Tierarten beobachten und bewundern.

Links: Jetzt hat der Winter auch die milderen Ausläufer der Rhön eingeholt und bestäubt die Täler um die Fränkische Saale.

Wo Biber „Burgen" bauen

Bald sind wir im Salzforst angelangt, mitten darin liegen die Gemeindeteile Burgwallbach, nicht weit davon entfernt Schönau an der Brend. Ein beliebtes Ausflugsziel, gerade bei sommerlich heißen Temperaturen, ist der große Badesee bei Burgwallbach. Da in der gesamten Rhön das Angebot an Seen oder größeren natürlichen Teichen eher gering ist, sind die wenigen Badeseen im Sommer regelrecht übervölkert.

Die Wasserqualität der Rhönbäche ist nachweislich noch sehr gut. Bestimmt ist das ein Grund, einen ehemaligen Bewohner der Bäche wieder in die Rhön zurückzuholen. Der Biber, größter europäischer Nager, wirkt plump, hat einen horizontalen abgeplatteten Schwanz und große, orangerote obere Schneidezähne. Früher war er in Europa weit verbreitet, heute nur noch an der mittleren Elbe, im Rhonedelta, an einigen Orten Ost- und Nordeuropas und in den Gebieten, in denen er nach und nach wieder eingebürgert wurde. Biber haben mit ihren Staudämmen in vorgeschichtlicher Zeit die europäischen Tallandschaften maßgeblich mitgestaltet. Wegen ihres Fettes, ihrer Baumfällaktivitäten und weil sich am Wasserrand weidende Rinder in ihren unterirdischen Bauten die Beine brachen, wurden sie überall stark verfolgt und fast ausgerottet.

Der Schwund der Auenwälder und die Wasserverschmutzung durch Überdüngung machen auch diesen Restbeständen das Überleben schwer. Bleibt zu hoffen, dass Modellregionen wie das Biosphärenreservat Rhön mit zukunftsweisenden Projekten und deren Nachhaltigkeit auf sich aufmerksam machen und auch andere Regionen den vom aussterben bedrohten Pflanzen- und Tierarten genügend natürlichen Lebensraum schaffen.

Rechts: *Nur in Zeiten der Schneeschmelze rauschen die Bäche unruhig, fast wild, in ihrem Lauf.*
Nachfolgende Seiten: *Bei fast 200 Nebeltagen im Jahresdurchschnitt, werden auch die Randbereiche der Rhön, hier in der Nähe von Jossa, von den durchziehenden Schwaden eingehüllt.*

Viele Epochen hinterließen im Umland der Rhön ein reiches kulturelles Erbe

Viele kleine Städte im Vorland der Rhön bieten mit Stadtmauern, Burgen und gepflegten Altstadtkernen historischen Anschauungsunterricht. Die Rhönmetropole Fulda glänzt als Barockstadt mit mittelalterlichem Erbe.

Fulda – ein barocker Juwel

Schlendern, einkaufen, besichtigen und amüsieren, ein kleiner Auszug zusätzlicher Möglichkeiten, die „Rhön zu erleben“, muss noch erwähnt werden.

Schon bevor *Fulda* als Stadt sich einen Namen machte, erlangte das Kloster Fulda beachtliche Bedeutung. Seine Gründung im Jahre 744 ist nicht nur der Auftakt einer erfolgreichen Klosterentwicklung, sondern auch der Grundstein für den späteren Aufstieg der Stadt Fulda. Dieses alte Kloster war zuerst ein religiöser Mittelpunkt und ein Zentrum der Gelehrsamkeit im damaligen Frankenreich. In der Zeit des Barocks im 18. Jahrhundert erlebte Fulda allerdings eine seiner bedeutendsten Epochen. Die Stadt war Residenz der Fürstäbte und Fürstbischöfe und bekam eine Universität mit allen Fakultäten.

Berühmten Baumeistern wie Dientzenhofer und Gallasini verdankt das Fuldaer Barockviertel seine vollendete architektonische Harmonie. Mit dem Dom, dem Stadtschloss und den Bürgerhäusern ist es einzigartig in seiner geschlossenen Form.

Neben der Michaelskirche, einem der ältesten Gotteshäuser Deutschlands, sind in Fulda viele Museen zu besichtigen, unter anderem das Vonderau Museum, das Dommuseum, das Deutsche Feuerwehrmuseum und die historischen Räume des Stadtschlosses.

Für Familien empfiehlt sich der Besuch des Kindermuseums und der Kinder-Akademie mit einem begehbaren Herz.

Musenresidenz der „Meininger“

Meiningen, die Theater- und Musikstadt an der Werra, liegt zwischen Thüringer Wald und Rhön. Repräsentative Bauten bestimmen den klassizistischen Stadtteil. Im letzten Drit-

Vorherige Seiten: Eine mystische Begegnung mit der Salzburg bei Bad Neustadt finden wir bei einem Rundgang durch den Herbstwald.
Oben: Bei einem ausgedehnten Besuch ins hessische Fulda darf die Besichtigung der Orangerie, die malerisch in einem Park gelegen ist, nicht fehlen.
Rechts: Fulda wird auch die barocke Domstadt genannt. Wie diese reizvolle Aufnahme zeigt, völlig zu Recht.

tel des 19. Jahrhunderts gelang es Herzog Georg II. von Sachsen-Meiningen, die Stadt zu einem der wichtigsten kulturellen Zentren Deutschlands zu entwickeln. Folgenreichster Bestandteil seiner Bemühungen war die Theaterreform der „Meininger“. Als weltberühmte Attraktion gelten die erhaltenen originalen Bühnenbilder aus jener Zeit.

Neben dem Theatermuseum „Zauberwelt der Kulisse“ ist vor allem Schloss Elisabethburg, die Goetz-Höhle, Europas größte Kluft- und Spalthöhle, und das Dampflokwerk einen Besuch wert.

Kuren und Wellness, aber bitte mit Stil

Die Bäder im Bannkreis der Rhön haben sich eine eigene Plattform geschaffen, informieren und werben für sich in anspruchsvollem Stil.

Zu speziellen Kuren und besonderen Heilbehandlungen befinden sich in jeder Kurstadt wunderschöne Kuranlagen.

Bad Salzungen an der Werra ist eines der ältesten deutschen Sole-Heilbäder. Die gesättigte Sole entspricht in ihrer Qualität der heilenden Wirkung des Toten Meeres. Das im Jahr 2000 eröffnete Keltenbad erweitert in harmonischer Weise das Kurangebot.

Die alte Haut abstreifen, wieder aufblühen und aus sich selbst neue Kraft schöpfen: Mit Konzepten für Gesundheit und Lebensfreude hat *Bad Salzschlirf, zwischen Vogelsberg und Rhön gelegen,* der Natur über die Schulter geschaut. Hier ist für entsprechende Hautkrankheiten eine Konkurrenz zum Aufenthalt am Toten Meer über die Sole-Foto-Therapie entstanden.

Europas führende Herzklinik, Psychosomatische und Neurologische Klinik sowie weitere Spezialkliniken machen *Bad Neustadt* zu einem der modernsten Standorte der Heilkunst der Humanmedizin in Deutschland. Das Herzstück der Freizeiteinrichtungen ist das Erlebnis- und Wellnessbad „Triamare".

Mit dem neuen Gesundheits- und Erlebnisbad, der Franken-Therme und attraktiven

Kur- und Freizeiteinrichtungen ist *Bad Königshofen im Grabfeld* ein beliebtes Urlaubsziel.

Im Tal der Fränkischen Saale, in reizvoller Lage, finden Sie in *Bad Kissingen* einen stilvollen Ort zum Kuren, Urlaub machen oder zum Tagen im Ambiente der Zeit um 1900. Familien besuchen den Wildpark Klaushof, begeistern ihre Kinder mit einer Fahrt in der historischen Postkutsche oder mit einer Dampferfahrt auf der Saale.

Bad Brückenau, inmitten zauberhafter Natur und wildromantischer Landschaft, ist umgeben von den stattlichen Bergen des Sinntals. Bei einem erholenden Aufenthalt vergisst man hier leicht Alltag und Stress des täglichen Berufslebens.

Im Süden der Rhön, gleich neben Bad Kissingen, in einem ländlichen Paradies mit ausgedehnten Wäldern gelegen, finden Sie *das Biedermeier-Bad-Bocklet*. Auch dieser Ort bietet alles, was für einen Kuraufenthalt wünschenswert ist.

Links: Der Stall eines alten Bauernhauses, ein kleiner Einblick in die Ausstellung des Freilandmuseums Fladungen. Einen Besuch dort sollten Sie auf jeden Fall während Ihres Aufenthaltes einplanen.
Oben: Die Ansicht einer fränkischen Fachwerkscheune, vor der malerisch ein alter Schäferwagen steht. Im Freilandmuseum Fladungen wird regelmäßig, vorwiegend an Wochenenden, altes Brauchtum vorgestellt.

Burgen und Kirchenburgen erzählen von unruhigen Zeiten

Im oberen Streutal, mitten im Naturpark Rhön, liegt *Fladungen*, die nördlichste Stadt Bayerns. Mehrfach ausgezeichnet, unter anderem mit der Medaille „Europa Nostra", für eine vorbildliche Restaurierung der historischen Altstadt und der Stadtmauer. Es schmückt sich mit dem bekannten Rhönmuseum, einem wirklich bemerkenswerten fränkischen Freilandmuseum und dem „Rhön-Zügle", einer historischen Museumsbahn.

In *Ostheim/Rhön* heißt das Motto „Raus aus dem Alltag und rein in die Natur", bemerkenswert angenehme frische Luft zeichnet diesen Luftkurort aus.

Mit seinen verwinkelten Gassen und Fachwerkhäusern, der Lichtenburg, dem Orgelmuseum im Hanstein'schen Schloss und der größten Kirchenburg Deutschlands, zeigt sich die ehemals thüringische Enklave im bayerischen Gebiet als wahrhafter Kultur-

schatz. Ostheim war ursprünglich seit 1555 thüringisch und kam erst 1945 zu Bayern.

Außerdem gehört zu Ostheim ein beschaulicher Gewässerlehrpfad und das Naturschutzgebiet Weyershauk.

Mellrichstadt besteht aus 6 schmucken Stadtteilen und liegt, eingebettet in Wiesen und Felder, am Fuße der Rhön. Die teilweise begehbare Stadtmauer, die Kreisgalerie, das Heimatmuseum Salzhaus, Wasserschloss Roßrieth und Schloss Wolzogen in Mühlfeld darf man sich nicht entgehen lassen.

Karl der Große hielt sich oft auf der *Salzburg bei Bad Neustadt* auf. Unter „Salzburg“ meint die Sage nicht die heutige Anlage, sondern eine Vorgängerburg ganz in der Nähe oder die Pfalz Salz selbst, hier vermutet man auch einen Königshof. Gern ritt der Kaiser in den weiten, wilden Salzforst, um zu jagen. Einmal kam er von seinem Gefolge ab und verirrte sich in dem unwirtlichen Urwald. Er fand den

Oben: Malerisch gelegen und gut erhalten: Schloss Aschach in der Nähe von Bad Kissingen besitzt unter anderem ein anspruchsvolles Museum.

Weg zu seiner Burg nicht mehr zurück. Zu seinem Glück stieß er auf den Schäfer Bast, der auf einer Lichtung seine Schafe hütete. Dieser labte den Unbekannten mit Brot und einem kühlen Trunk und führte den Verirrten zur Salzburg zurück. Zum Dank ließ ihm Karl an jener Stelle, wo er ihn traf, eine Burg erbauen, schlug ihn zum Ritter und schenkte ihm das Land, das sein Auge erblicken konnte. Um die Burg herum entstand das Dorf Bastheim und Bast (Sebastian) wurde der Stammvater der Herren von Bastheim. Diese Adelslinie ist 1848 ausgestorben, eine Mauer der „Burg" steht heute noch.

Münnerstadt sehen und erleben, ein fränkisches Kleinod aus Mittelalter, Renaissance und Barock, ist ein Genuss für sich. Stadtmauer, Türme und Tore sind in weiten Teilen original erhalten und liebevoll restauriert. Sehenswert sind die Zeugnisse fränkischer Geschichte im Henneberg-Museum, der Tilman-Riemenschneider-Altar und das Veit-Stoß-Gemälde in der Magdalenenkirche und die alljährlich stattfindenden Heimatspiele aus der Schwedenzeit: „Schutzfrau von Münnerstadt".

5 Minuten von der Autobahn Hamburg–München, zwischen den Residenzstädten Fulda und Würzburg, am südlichsten Rand der Rhön, eingebettet inmitten von sonnigen Weinbergen und dichten Mischwäldern, liegt *Hammelburg*, die urkundlich älteste Weinstadt Frankens. Das Rathaus mit Renaissancebrunnen, Schloss Saaleck oder Kloster Altstadt sind Zeugnisse einer bewegten Vergangenheit.

Für den, der zu Fuß, mit dem Rad, im Boot oder mit dem Pferd unterwegs ist, gibt es in der einzigartigen Landschaft, die geprägt ist durch den Lauf der Fränkischen Saale, viel zu entdecken.

Ideal für Wanderungen und Ausflüge liegt die *Ebersburg* eindrucksvoll inmitten der Ausläufer der Wasserkuppe. Die Burgruine Ebersburg, das auf dem 700 m Hohen Ebersberg stehende Wahrzeichen, ist ein ideales Ausflugziel für die ganze Familie.

Links: Von außen zu besichtigen: Ein wunderschönes Fotomotiv ist das Wasserschloss in Unsleben.

Fachwerk und Fastnacht an der Werra

Vacha, eine uralte Grenzstadt, 817 als Dorfmark und 1186 als Stadt erwähnt, ist eine der ältesten Stadtsiedlungen Westthüringens. Sie wird als die bunte Stadt der Rhön bezeichnet und wurde als bedeutender Kreuzungspunkt historischer Handelsstraßen bekannt. In der Burg Wendelstein, neben der historischen Werrabrücke gelegen, befindet sich ein Museum mit großer Puppensammlung.

Im Werratal, wo sich die Ausläufer der Rhön und des Thüringer Waldes begegnen, liegt die idyllische Kleinstadt *Wasungen*. Sie ist bekannt als Fachwerk- und Karnevalstadt. Als besonderer Höhepunkt der närrischen Zeit gilt der Karnevalszug am Samstag vor Aschermittwoch. In der Altstadt sind zum Teil sehr kunstvoll gestaltete Fachwerkbauten aus dem 16.–20. Jh. zu besichtigen. Sehenswert sind auch die forstbotanischen Anlagen bei Wasungen mit über 1.000 Bäumen und Sträuchern aus der Heimat und Gebieten Asiens und Nordamerikas.

Das Stadtmuseum hat im ehemaligen Damenstift sein Domizil. Das Stiftsgebäude wurde 1596 errichtet und ist eines der schönsten Fachwerkhäuser Wasungens. In der ständigen Ausstellung wird die Geschichte der Stadt und des Damenstifts gezeigt.

Einen Besuch lohnt auch das Jagdschloss Fasanerie bei *Hermannsfeld* in der thüringischen Rhön, gut zu erreichen von der Bundesstraße Meiningen/Mellrichstadt aus.

Außerdem ein Muss: die Kunststation *Kleinsassen* in Hessen und die Kunststation in *Öpfershausen* in Thüringen.

Der *Dolmar*, ein freistehender Basaltkegel, ist einer der schönsten Aussichtsberge zwischen Thüringer Wald und Rhön. Beliebt bei Hobby- und Sportpiloten, da er aufgrund seines hervorragenden thermischen Umfeldes ideale Streckenflugmöglichkeiten, z. B. zur Wasserkuppe nach Westen oder zu den Gleichbergen gen Süden bietet. Für diese Region ist der Dolmar ein geologisches und historisches Wahrzeichen, denn vermutlich war er einst Kult- und Opferberg der Kelten.

Unten: Anlage und Gebäude der größten Kirchenburg Deutschlands sind in Ostheim/Rhön ein viel besuchtes Ausflugsziel.